# 새 이화 한국어

새 이화 한국어 4-2

**지은이** 이화여자대학교 언어교육원(김현진·배재원·이민경·윤여옥·전우주·최형연·주현하)
**감수** 박선희

**펴낸날** 1판 1쇄 2025년 3월 20일

**펴낸이** 주소현 **펴낸곳** 이화여자대학교출판문화원
**주소** 서울특별시 서대문구 이화여대길 52 **등록** 1954년 7월 6일 제9-61호
**전화** 02-3277-2965(편집), 02-362-6076(마케팅) **팩스** 02-312-4312
**전자우편** press@ewha.ac.kr **홈페이지** www.ewhapress.com

**책임편집** 이혜지, 김가영 **디자인** 프로스트아이디어
**일러스트** 정윤서 **사진촬영** 강지민 **사진편집** 김재인
**촬영지원** 언어교육원 행정실 **녹음** 오렌지 커뮤니케이션즈 **성우** 권도일, 이아름



**ISBN** 979-11-5890-541-5 14710
979-11-5890-490-6 (세트)

* 사진 촬영에 협조해 주신 Emile Pison Diepvens, Doan Dang Pham, Pattranit Weerachaiwichit, Sabrina Adeola Odofin, Sara Kristin Hagmueller, Xue Min Huai, Li Yixin, 양혜윤, 신희연, 권민경, 김서현, 문치홍 님에게 감사를 드립니다.

* 잘못된 책은 구입처에서 바꾸어 드립니다.

# 새 이화 한국어

**이화여자대학교 언어교육원** 지음

김현진 · 배재원 · 이민경
윤여옥 · 전우주 · 최형연 · 주현하

## 4-2

이화여자대학교출판문화원

# 머리말

이화여자대학교 언어교육원은 『이화 한국어』를 발간한 지 12년 만에 새로운 의사소통 중심 교재 『새 이화 한국어』를 발간하게 되었습니다. 지난 10여 년 동안 『이화 한국어』는 세계 각국에서 사용되어 왔으며 현재까지도 외국인들에게 좋은 학습의 길잡이가 되고 있습니다. 그러나 교수·학습 환경이 나날이 변화하고 한국어 학습자의 요구가 다양해짐에 따라 이에 부응할 새로운 교재의 필요성이 대두되었습니다. 이화여자대학교 언어교육원은 오랜 한국어 교육 경험과 연구를 바탕으로 『이화 한국어』를 전면적으로 혁신할 새로운 교재 개발에 착수하였고, 약 3년의 작업 끝에 마침내 『새 이화 한국어』를 세상에 내놓게 되었습니다.

『새 이화 한국어 4』는 듣기, 말하기, 읽기, 쓰기의 통합 교재로 다음의 특징이 있습니다. 먼저 한 단원을 세 개의 소단원으로 구성하여 하나의 주제에 대하여 다양한 기능을 충분히 연습할 수 있도록 설계하였습니다. 또한 문법의 비중을 낮추고 재미있으면서도 실제적인 의사소통 과제의 비중을 높임으로써 수업 내용이 실생활로 전이될 수 있도록 하였습니다.

특히 이 교재는 네 가지 언어 기능의 균형 있는 발전을 유도하면서도 말하기 능력을 강화하도록 고안된 것이 특징입니다. 이를 위해 대화, 역할극, 그룹 활동 등 방식과 참여 인원을 다양화하여 말하기 과제를 제시하였습니다. 이러한 과제를 통해 학습자들이 다양한 상황에서 주도적으로 말하기를 이끌어가는 능력을 기를 수 있을 것으로 기대됩니다. 어휘, 문법은 언어 지식을 쌓는 것에 그치지 않도록 듣기, 말하기, 읽기, 쓰기와의 연계를 활용한 유의미한 연습을 제시하였습니다. 그리고 듣기와 쓰기, 읽기와 말하기, 읽기와 쓰기 등 여러 언어 기능을 연계한 통합 과제를 제시함으로써 구어와 문어 학습이 긴밀하게 연계될 수 있도록 구성하였습니다.

이 교재가 발간되기까지 정말 많은 분들의 땀과 노고가 있었습니다. 이화여자대학교 언어교육원을 대표하여, 좋은 교재를 개발하기 위해 밤낮으로 고민하고 집필에 매진하신 저자 분들께 깊은 감사를 드립니다. 또한 교재가 발간되기까지 여러 가지 행정적 지원을 아끼지 않고 수고해 주신 언어교육원 행정실에도 진심으로 감사를 드립니다. 그리고 이 교재가 이렇게 멋진 모습으로 발간될 수 있도록 편집과 출판을 맡아 주신 이화여자대학교출판문화원에도 깊은 감사의 마음을 전합니다.

이 교재가 국내외에서 널리 활용되어 한국어를 쉽고 재미있고 효과적으로 교수·학습하는 데에 크게 기여하기를 바랍니다. 아울러 앞으로 나아가야 할 한국어 교육의 방향을 선도하는 역할도 하게 되기를 기대합니다.

2025년 3월
이화여자대학교 언어교육원
원장 박선희

# 교재 구성표

| 단원 | 단원명 | 소단원 1 | | | | 소단원 2 | | |
|---|---|---|---|---|---|---|---|---|
| | | 제목 | 어휘와 표현 | 문법 | 듣기 | 제목 | 문법 | 듣고 쓰기 |
| 7 | 건강한 생활 | 조금이나마 건강에 도움이 됐으면 좋겠네요 | 수면과 자세 | A/V-(으)ㄹ 따름이다<br>(이)나마 | 잠을 잘 자는 방법에 대한 라디오 방송 듣기 | 건강 검진 받는 김에 지난번 다친 데도 검사해 보세요 | V-는 김에 | 증상과 그 증상에 도움이 되는 운동에 대한 대화 듣고 쓰기 |
| 8 | 문제와 해결 방안 | 제때 못 받을까 봐서 미리 주문했는데요 | 문제 상황과 해결 방법 | A/V-(으)ㄹ까 봐(서)<br>V-(으)ㄴ/는 사이(에) | 잘못 배달된 택배에 대한 대화 듣기 | 이사 한 달 전에 만 알리면 되는 줄 알았는데 아닌가요? | A/V-(으)ㄴ/는 줄 | 원룸 계약을 지키지 못한 상황에 대한 대화 듣고 쓰기<br>더 N에 비해(서) |
| 9 | 언어와 생활 | 계속 말하다 보면 실제로 이루어질 거예요 | 언어 습관 | V-다(가) 보면<br>V-아/어 두다 | 말의 중요성에 대한 대담 듣기 | 10년 전만 같아도 이런 말이 없었어요 | N만 같아도 | 한국어 표현의 어원에 대한 강연 듣고 쓰기 |
| 10 | 우리 주변의 이웃 | 위층에서 강아지가 계속 짖어 대요 | 갈등과 해결 방법 | V-(으)려야<br>V-아/어 대다 | 이웃 간 층간 소음에 대한 대화 듣기<br>더 -거리다 | 조금만 늦었으면 큰일 날 뻔했어요 | V-(으)ㄹ 뻔하다 | 남을 도운 사람에 대한 대화 듣고 쓰기 |
| 11 | 고민과 후회 | 빨리 알려 달라고 재촉하는 통에 서둘러 결정했어요 | 고민 | V-는 통에<br>V-았/었더니 | 진로 고민에 대한 대화 듣기 | 상대가 옳다는 걸 알고도 그걸 인정하지 않아요 | A/V-고도 | 대인 관계 고민에 대한 대화 듣고 쓰기 |
| 12 | 환경과 기후 변화 | 환경 오염으로 인해 기후 변화가 생겼어요 | 환경 오염 | N(으)로 인해<br>A/V-더라 | 날씨와 기후 변화에 대한 대화 듣기 | 숨 쉬는 것마저 힘들어질 수 있어요 | N마저 | 환경 보호에 대한 공익 광고 듣고 쓰기<br>더 A/V-(으)ㄹ지도 모르다 |

| | 소단원 3 | | | | |
|---|---|---|---|---|---|
| 읽고 말하기 | 제목 | 어휘와 표현 | 문법 | 말하기(기능) | 읽고 쓰기(전략) |
| 홈 트레이닝(home training)에 대한 설문 조사 결과 읽고 말하기 | 체력을 단련하고자 마라톤 대회에 참가했어요 | 건강 | V-고자 | 건강에 좋은 음식 권하기<br>• 건강에 좋은 음식을 자주 먹는 정도 말하기<br>• 끼니를 잘 챙겨 먹는 목적 말하기 | 건강 상식에 대한 반박의 글 읽고 쓰기<br>• 모르는 표현의 의미 추측하기<br>더 N을/를 통해(서) |
| 생활 속 문제 상황에 대해 읽고 말하기 | 감기약을 먹은 탓에 아침에 일어날 수가 없었습니다 | 사과와 용서 | V-(으)ㄴ/는 탓에 | 규칙을 어긴 것에 대해 정중하게 사과하기<br>• 수업 중 휴대 전화 사용 규칙을 어긴 것에 대해 변명하기<br>• 규칙을 어긴 것에 대해 정중하게 사과하기 | 정중하게 사과하는 이메일 읽고 쓰기<br>• 글에 드러나지 않은 내용 추론하며 읽기 |
| 신조어에 대해 읽고 말하기<br>더 A/V-(으)ㄹ 정도 | 될 수 있는 한 줄임말을 쓰지 않는 게 좋겠어요 | 언어 사용 | V-는 한 | 줄임말, 유행어 사용의 장단점과 지나친 사용에 대한 문제점 지적하기<br>• 줄임말 사용의 장단점 말하기<br>• 줄임말의 지나친 사용에 대한 문제점 말하기<br>더 A/V-(으)ㄹ 수밖에 없다 | 올바른 언어 사용에 대한 주장의 글 읽고 쓰기<br>• 본문에 나오는 질문에 답 찾으며 읽기 |
| 남을 도운 이야기 읽고 말하기 | 재능 기부야 누구든지 할 수 있어요 | 이웃을 위한 도움 | (이)야 | 재능 기부 봉사 활동 참여 권하기<br>• 상황에 대한 자세한 설명 요청하기<br>• 잘할 수 있다고 강조해서 말하기 | 어려운 이웃을 돕는 사람을 소개하는 글 읽고 쓰기<br>• 단락의 첫 문장 읽고 단락 내용 추측하기 |
| 대인 관계를 원만하게 하기 위한 방법에 대해 읽고 말하기 | 대회 준비를 더 철저히 할걸 | 후회 | V-(으)ㄹ걸(후회) | 대회 결과에 대해 후회하기<br>• 대회 결과에 대한 속상함 말하기<br>• 대회에서 침착하게 하지 못한 것 후회하기 | 후회하던 일을 극복한 나에게 쓴 편지글 읽고 쓰기<br>• 불확실하게 이해한 내용 파악하며 다시 읽기<br>더 A/V-(으)ㄹ걸(추측) |
| 멸종 위기 동물에 대해 읽고 말하기 | 환경을 위한 일인데 대단하기는요 | 환경 보호 활동 | A/V-기는요 | 환경 문제 해결을 위한 실천 경험 말하기<br>• 환경 문제의 원인과 심각성 말하기<br>• 상대의 칭찬에 겸손하게 답하기 | 재활용품에 대한 인식 조사 결과에 대한 글 읽고 쓰기<br>• 단락의 중심 내용 생각하며 읽기 |

더 더 알아보기

# 교재 구성과 사용법

- 『새 이화 한국어 4』는 총 200시간 분량의 한국어 교재이다.
- 『새 이화 한국어 4』는 '국제 통용 한국어 표준 교육과정' 4급, '유럽공통참조기준(CEFR)' B2에 해당된다.
- 『새 이화 한국어 4』는 두 권으로 나뉘어 있으며(4-1, 4-2), 『새 이화 한국어 4-1』은 1~6단원, 『새 이화 한국어 4-2』는 7~12단원으로 구성되어 있다.
- 각 단원은 세 개의 소단원으로 구성되어 있으며 세부 내용은 아래와 같다.

| 단원 | | | | |
|---|---|---|---|---|
| | 소단원 1 | 소단원 2 | 소단원 3 | |
| 도입 듣기 | 어휘와 표현 1<br>문법 1, 2<br>듣기 | 문법 3<br>듣고 쓰기<br>읽고 말하기 | 어휘와 표현 2<br>문법 4<br>말하기<br>읽고 쓰기 | 어휘와 표현 확인 |

- 말하기 활동에 다양한 아이콘이 사용되는데 그 의미는 다음과 같다.

| 아이콘 | 의미 |
|---|---|
|  | 짝 활동 |
|  | 3~4명 그룹 활동 |
|  | 교실 발표 |

- 듣기 자료는 이화여자대학교출판문화원 홈페이지에서 내려받을 수 있으며 교재의 QR 코드를 통해 바로 접근할 수도 있다.

## 단원 표지

- 소단원의 제목과 학습 목표입니다. 각 단원은 3개의 소단원으로 되어 있습니다.
- 시각 자료와 듣기를 활용해 소단원 주제와 관련된 표현과 내용을 학습합니다.

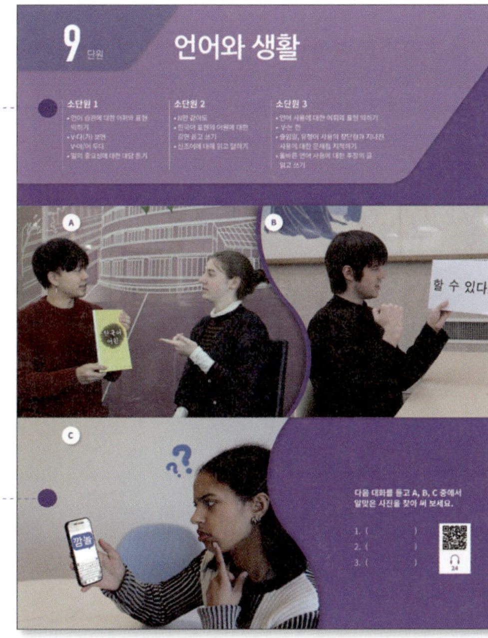


## 어휘와 표현

소단원 1, 3

- 주제 관련 표현 6~8개가 시각 자료와 함께 제시되어 있습니다. 표현을 듣거나 읽으면서 그 의미를 파악합니다.
- 학습한 표현의 범주화 활동이나 학습한 표현을 다른 표현으로 바꿔 말한 듣기, 다른 표현으로 바꿔 쓴 표현 찾기를 통해 의미를 확인합니다. 이 활동을 통해 1에서 학습한 표현과 관련된 다양한 표현을 동시에 학습합니다.
- 학습한 표현을 사용할 수 있도록 말하기로 연습합니다.

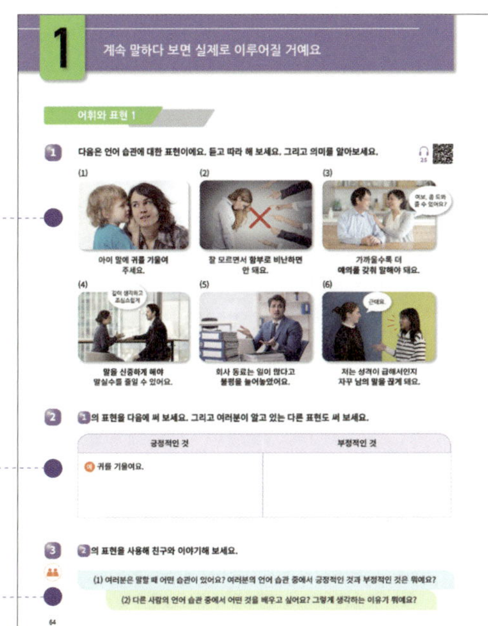

# 문법

소단원 1, 2, 3

- 학습할 문법이 어떤 의미인지 추측해 보는 도입입니다. 각 단원의 문법의 도입은 듣기 2개, 읽기 2개로 달리 구성되어 있습니다.
- 시각 자료를 통해 맥락을 제시하고 이를 통해 목표 문법의 의미를 학습합니다.
- 문법의 의미와 간단한 결합 정보에 대한 설명입니다. 그리고 추가 예문이 제시되어 있습니다.

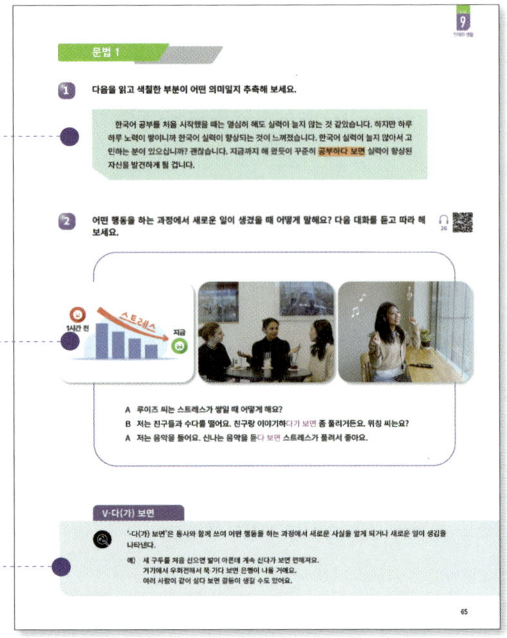

- 목표 문법을 활용한 통제된 말하기 활동입니다. 간단한 대화, 정보차 활동, 게임 등으로 구성되어 있습니다.
- 문법을 활용한 유도된 말하기 활동과 자유로운 말하기 활동입니다. (5)~(6)은 학생들이 직접 자유롭게 만들어 보는 활동입니다.

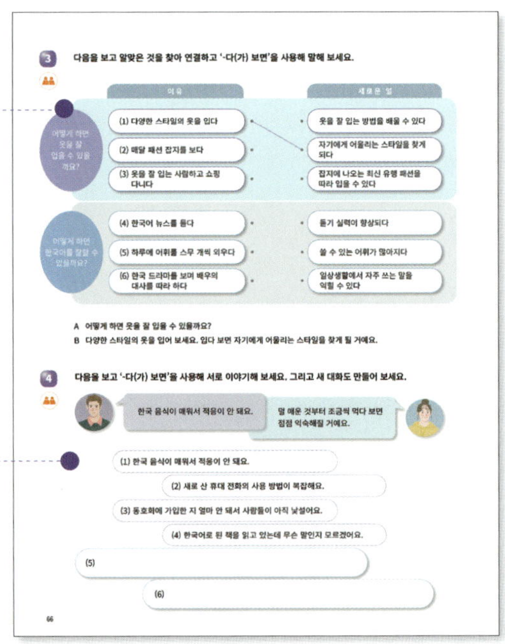

## 듣기

소단원 1

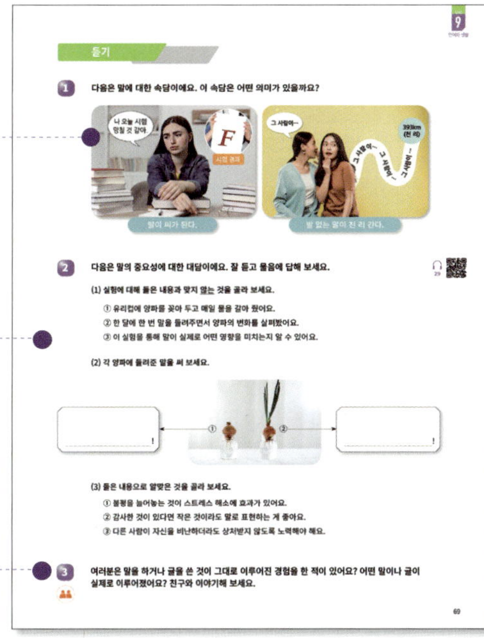

- 듣기 전 단계입니다. 들을 내용과 연관된 시각 자료를 활용해 브레인스토밍한 후 간단하게 이야기합니다.
- 듣기 본 단계입니다. 들은 내용을 확인하는 단계입니다.
- 들은 후 단계입니다. 듣기 내용과 관련된 것을 말합니다.

## 듣고 쓰기

소단원 2

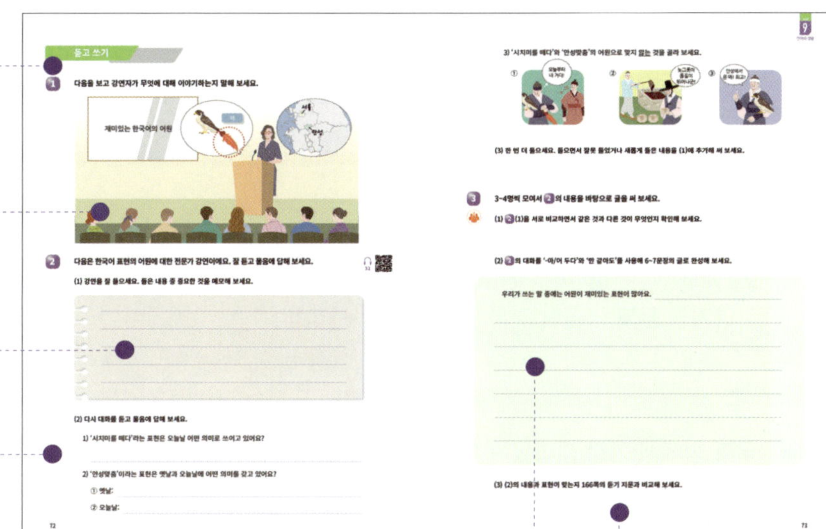

- 듣고 쓰기입니다. 이 과제는 딕토글로스 (dictogloss)를 변형한 활동입니다.
- 듣기 전 단계입니다. 들은 내용과 연관된 시각 자료를 활용해 브레인스토밍한 후 간단하게 이야기합니다.
- 듣고 들은 내용 중 중요한 것을 씁니다.
- 다시 듣고 들은 내용을 확인합니다.
- 소그룹 활동을 통해 들은 내용을 서로 비교하고 그 후에 들은 내용을 간략하게 요약해 씁니다.
- 요약한 글을 부록에 있는 듣기 대본과 비교하면서 내용과 표현에서 어색한 부분이 있는지 확인합니다.

# 읽고 말하기

소단원 2

- 읽고 말하기 활동입니다. 2명 또는 3~4명이 같이 하는 소그룹 활동입니다.
- 읽기 전 단계입니다. 읽을 내용에 대해 시각 자료를 활용해 이야기합니다.
- 소그룹 활동을 하기 전에 각자 소그룹 활동에서 할 내용을 연습해 보는 단계입니다. 글을 읽고 읽은 내용을 메모해 봅니다.

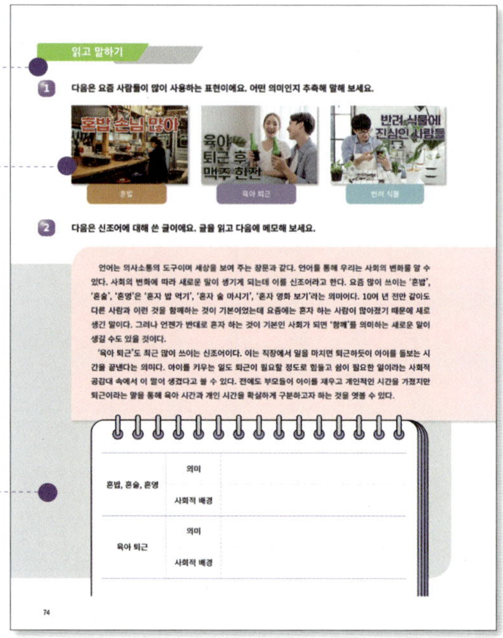

읽고 말하기

1 다음은 요즘 사람들이 많이 사용하는 표현이에요. 어떤 의미인지 추측해 말해 보세요.



2 다음은 신조어에 대해 쓴 글이에요. 글을 읽고 다음에 메모해 보세요.

언어는 의사소통의 도구이며 세상을 보여 주는 창문과 같다. 언어를 통해 우리는 사회의 변화를 알 수 있다. 사회의 변화에 따라 새로운 말이 생기게 되는데 이를 신조어라고 한다. 요즘 많이 쓰이는 '혼밥', '혼술', '혼영'은 '혼자 밥 먹기', '혼자 술 마시기', '혼자 영화 보기'라는 의미이다. 10여 년 전만 같아도 다른 사람과 이런 것을 함께하는 것이 기본이었는데 요즘에는 혼자 하는 사람이 많아졌기 때문에 새로 생긴 말이다. 그러나 언젠가 반대로 혼자 하는 것이 기본인 사회가 되면 '함께'를 의미하는 새로운 말이 생길 수도 있을 것이다.

'육아 퇴근'도 최근 많이 쓰이는 신조어이다. 이는 직장에서 일을 마치면 퇴근하듯이 아이를 돌보는 시간을 끝낸다는 의미이다. 아이를 키우는 일도 퇴근이 필요할 정도로 힘들고 쉼이 필요한 일이라는 사회적 공감대 속에서 이 말이 생겼다고 볼 수 있다. 전에도 부모들이 아이를 재우고 개인적인 시간을 가졌지만 퇴근이라는 말을 통해 육아 시간과 개인 시간을 확실하게 구분하고자 하는 것을 엿볼 수 있다.

| | | |
|---|---|---|
| 혼밥, 혼술, 혼영 | 의미 | |
| | 사회적 배경 | |
| 육아 퇴근 | 의미 | |
| | 사회적 배경 | |

74

- 소그룹 활동을 위해 제시된 내용 중 하나를 골라서 그와 관련된 자신의 이야기를 만들거나 제시된 내용이 없을 때는 자신이 생각한 내용을 바탕으로 이야기를 만들어 봅니다. 그리고 만든 내용을 아래에 써 봅니다.
- 2명 또는 3~4명이 하는 소그룹 활동으로 각자 3에서 만든 이야기를 친구들에게 합니다. 그리고 이야기를 듣고 궁금한 것을 친구에게 질문합니다.
- 우리 팀에서 가장 재미있는 이야기를 골라 발표합니다.
- 추가로 학습할 문법과 표현이 제시되어 있습니다. 이에 해당되는 예문도 제시되어 있습니다.

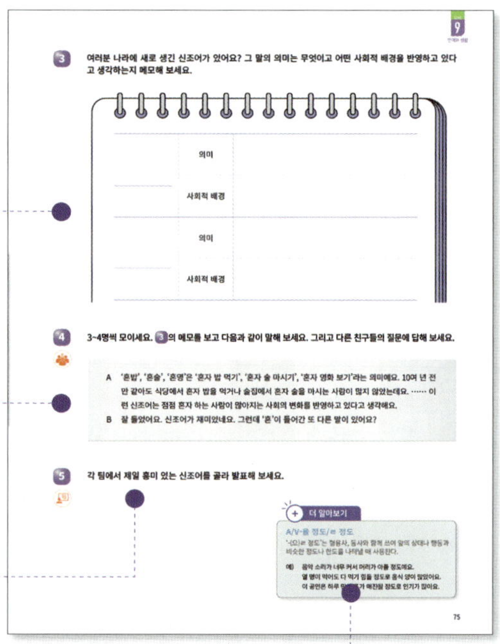

9

3 여러분 나라에 새로 생긴 신조어가 있어요? 그 말의 의미는 무엇이고 어떤 사회적 배경을 반영하고 있다고 생각하는지 메모해 보세요.

| | | |
|---|---|---|
| | 의미 | |
| | 사회적 배경 | |
| | 의미 | |
| | 사회적 배경 | |

4 3~4명씩 모이세요. 3의 메모를 보고 다음과 같이 말해 보세요. 그리고 다른 친구들의 질문에 답해 보세요.

A '혼밥', '혼술', '혼영'은 '혼자 밥 먹기', '혼자 술 마시기', '혼자 영화 보기'라는 의미예요. 10여 년 전만 같아도 식당에서 혼자 밥을 먹거나 술집에서 혼자 술을 마시는 사람이 많지 않았는데요. …… 이런 신조어는 점점 혼자 하는 사람이 많아지는 사회의 변화를 반영하고 있다고 생각해요.
B 잘 들었어요. 신조어가 재미있네요. 그런데 '혼'이 들어간 또 다른 말이 있어요?

5 각 팀에서 제일 흥미 있는 신조어를 골라 발표해 보세요.

더 알아보기

A/V-을 정도/ㄹ 정도

예) 음악 소리가 너무 커서 머리가 아플 정도예요.
열 명이 먹어도 다 먹기 힘들 정도로 음식 양이 많았어요.

75

## 말하기

소단원 3

- TTT(Task 1—Teach—Task 2) 모형을 변형하여 만든 역할극입니다. 1은 과제 활동(Task 1), 2와 3은 학습(Teach), 4와 5는 과제 활동(Task 2)입니다.
- 역할극의 상황이 텍스트와 시각 자료로 제시되어 있습니다.
- 과제의 목표 기능 표현에 해당되는 내용을 메모합니다.
- 역할극의 필수 요소인 역할을 제시합니다. 목표 기능 표현을 활용해 대화를 간단하게 만듭니다.

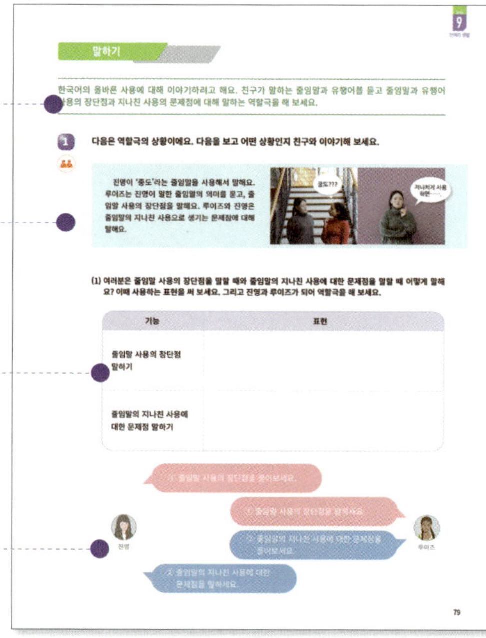

- (1)에서 한 대화를 다시 반추합니다.
- (1)의 부족한 부분을 학습합니다. 다양한 기능 표현을 학습해 유창하게 말하는 연습을 합니다.

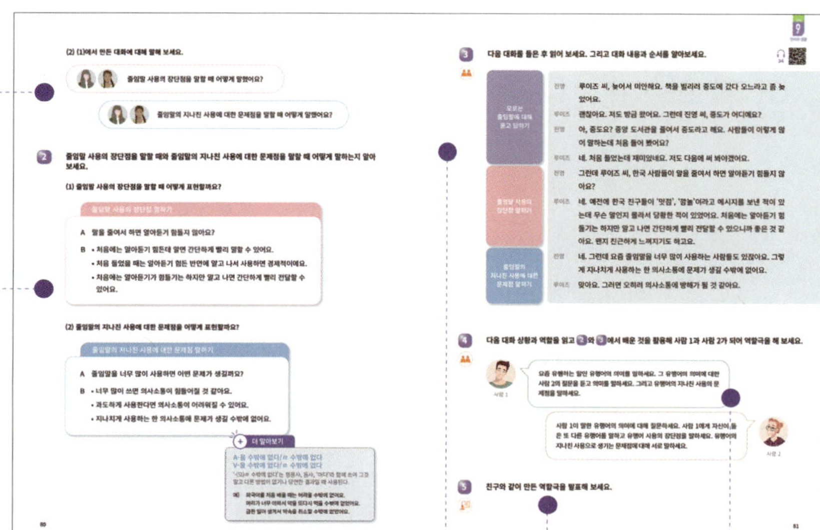

- 모범 대화를 보면서 담화 순서와 그 순서에 맞는 대화 내용을 파악합니다.
- 2에서 학습한 기능 표현, 3에서 학습한 담화 순서와 그에 맞는 내용을 바탕으로 역할에 맞게 대화를 만듭니다.
- 대화를 만든 후 발표합니다.

## 읽고 쓰기

소단원 3

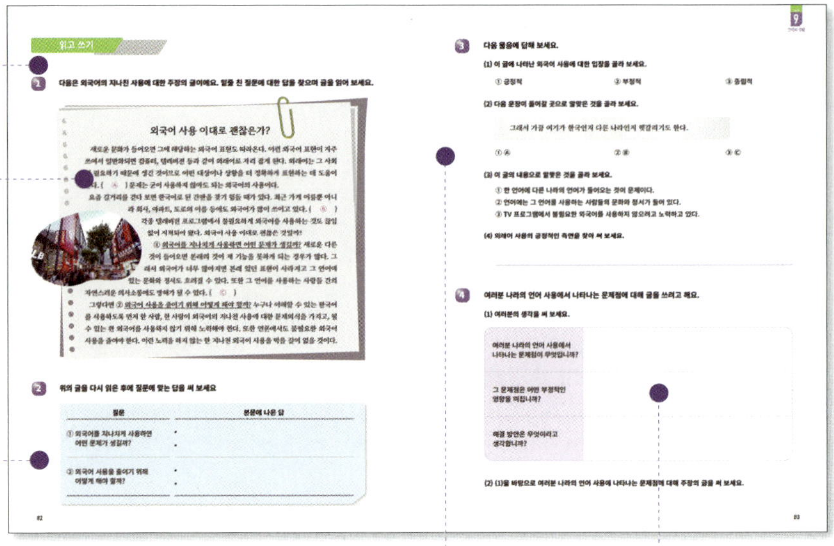


- 읽고 쓰기입니다.
- 읽기의 전략을 활용해 읽습니다.
- 읽기 본문을 다시 읽은 후 전략과 관련된 내용을 씁니다.
- 읽은 내용을 확인합니다.
- 쓰기 전에 쓸 내용을 간단하게 메모합니다. 그리고 글을 써 봅니다.

## 어휘와 표현 확인

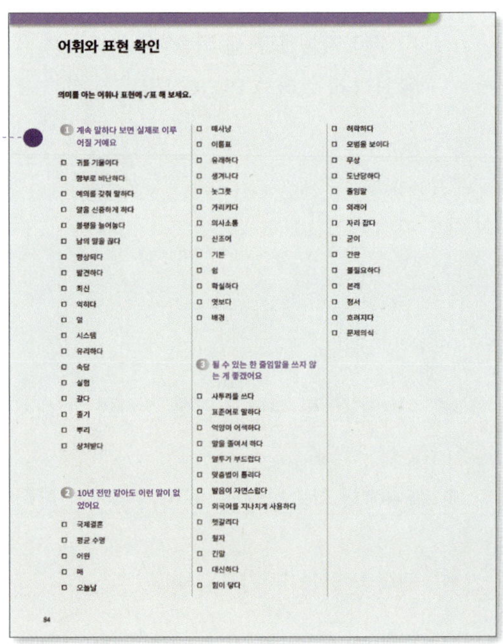


- 소단원별로 단원 내에서 출현한 순서대로 제시된 신출 어휘 목록입니다. 어휘와 표현을 스스로 점검합니다.

# 차 례



## 부록

# 등장인물

김유나
한국인 / 대학생
쇼타
일본인 / ELC 학생
위칭
태국인 / ELC 학생
진차오
중국인 / ELC 학생
다샤
러시아인 / ELC 학생
조슈아
미국인 / ELC 학생,
영어 강사

ELC: Ewha Language Center
이진영
한국인 / 대학생
최상우
한국인 / 대학생
엘렌
영국인 / ELC 학생,
액세서리 디자이너
올리버
호주인 / ELC 학생,
회사원
안나
독일인 / ELC 학생
마테오
멕시코인 / ELC 학생,
요리사
루이즈
프랑스인 / ELC 학생

# 7 단원 건강한 생활

**소단원 1**
- 수면과 자세에 대한 어휘와 표현 익히기
- A/V-(으)ㄹ 따름이다
  (이)나마
- 잠을 잘 자는 방법에 대한 라디오 방송 듣기

**소단원 2**
- V-는 김에
- 증상과 그 증상에 도움이 되는 운동에 대한 대화 듣고 쓰기
- 홈 트레이닝(home training)에 대한 설문 조사 결과 읽고 말하기

**소단원 3**
- 건강과 관련된 어휘와 표현 익히기
- V-고자
- 건강에 좋은 음식 권하기
- 건강 상식에 대한 반박의 글 읽고 쓰기

**다음 대화를 듣고 A, B, C 중에서 알맞은 사진을 찾아 써 보세요.**

1. (                    )
2. (                    )
3. (                    )

1

# 1 조금이나마 건강에 도움이 됐으면 좋겠네요

## 어휘와 표현 1

**1** 다음은 수면과 자세에 대한 표현이에요. 듣고 따라 해 보세요. 그리고 의미를 알아보세요. 2

수면

(1)

어제는 너무 피곤해서 **일찍 잠자리에 들었어요.**

(2)

**숙면을 취해서인지** 요즘 몸이 가벼운 것 같아요.

(3)

모기 때문에 **잠을 설쳐서** 너무 졸리네요.

자세

(4)

어릴 때부터 **바른 자세로 앉는** 습관을 길러야 해요.

(5)

**엎드려서 자는** 자세는 건강에 안 좋은 수면 자세래요.

(6)

**어깨를 펴고** 두 팔을 자연스럽게 흔들며 **걸어 보세요.**

**2** 1의 표현을 다음에 써 보세요. 그리고 여러분이 알고 있는 다른 표현도 써 보세요.

| 나에게 해당되는 것 | 나에게 해당되지 않는 것 |
|---|---|
| 예 일찍 잠자리에 들어요. | |

**3** 2의 표현을 사용해 친구와 이야기해 보세요.

(1) 여러분은 안 좋은 습관이 있어요? 그 습관을 어떻게 바꾸면 좋을까요?

(2) 여러분은 건강을 위해 자주 하는 동작이나 자세가 있어요? 어떤 동작이나 자세예요?

## 문법 1

**1** **다음을 읽어 보세요. 다른 것을 선택할 가능성이 없음을 나타내는 표현을 찾아 모두 밑줄을 그어 보세요. 그리고 그림에 맞는 표현도 찾아보세요.**

부산국제영화제에서 올해의 배우상을 받은 영화배우 황민호는 "우선 재미있는 시나리오, 훌륭한 감독님, 좋은 스태프들이 만들어 주신 것에 저는 그저 연기만 했을 뿐인데 저만 상을 받게 돼서 죄송할 따름입니다. 그리고 영화관을 찾아 주신 관객들께도 감사할 따름입니다."라며 수상 소감을 밝혔다.

**2** **현재 상황 이외에 다른 것을 선택할 가능성이 없음을 말할 때 어떻게 말해요? 다음 대화를 듣고 따라 해 보세요.** 3

A 명절에도 쉬지 못하고 근무하시느라 고생이 많으십니다.

B 아닙니다. 경찰관으로서 제가 해야 할 일을 할 따름입니다.

A 외국인 한국어 말하기 대회에서 대상을 타셨는데 기분이 어떠세요?

B 생각도 못 했는데 이렇게 큰 상을 받다니 그저 기쁠 따름입니다.

### A/V-을 따름이다/ㄹ 따름이다

'-(으)ㄹ 따름이다'는 형용사, 동사, '이다'와 함께 쓰여 다른 것을 선택할 가능성이 없음을 나타낼 때 사용된다.

예) 2년 동안이나 한국어 공부를 했지만 저에게는 아직도 한국어가 어려울 따름이에요.
그 사람 말을 듣고 황당해서 웃음이 날 따름이었습니다.
이번에 장학금을 받게 된 것은 운이 좋았을 따름이라고 생각합니다.

## 3 다음을 보고 '-(으)ㄹ 따름이다'를 사용해 말해 보세요.

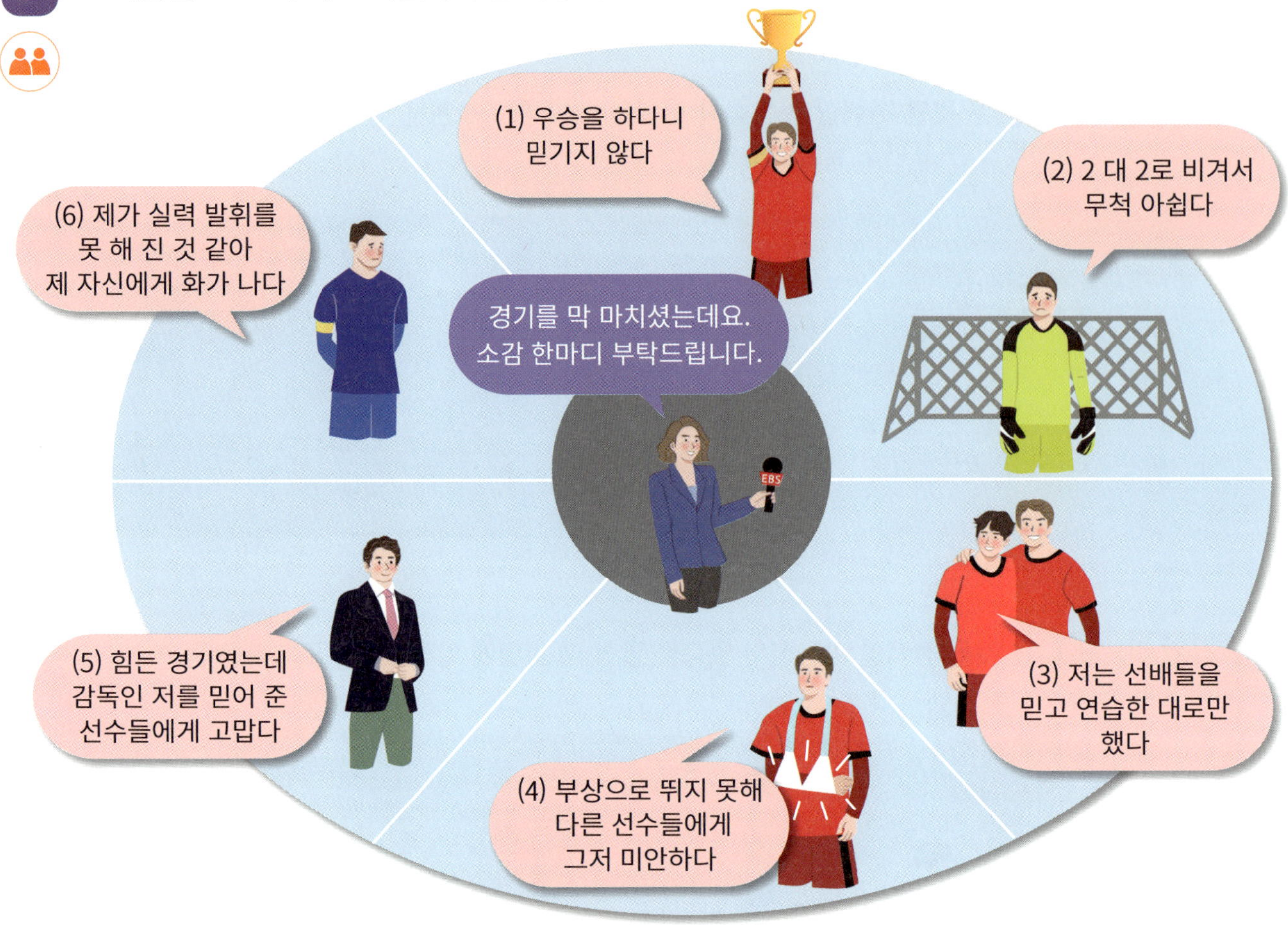


A 경기를 막 마치셨는데요. 소감 한마디 부탁드립니다.

B 우승을 하다니 믿기지 않을 따름입니다.

## 4 다음을 보고 '-(으)ㄹ 따름이다'를 사용해 서로 묻고 답해 보세요. 그리고 새 대화도 만들어 보세요.

올해 가장 바라는 게 뭐예요?

원하는 대학에 꼭 합격하기를 바랄 따름이에요.

(1) 올해 가장 바라는 게 뭐예요?

(2) 이번 학기를 끝으로 고향에 돌아간다면서요?

(3) 축하해요. 학교 홍보 모델이 되었다면서요?

(4) 지난 학기에 장학금을 받았지요? 어떻게 공부했어요?

(5)

(6)

## 문법 2

**1** **다음을 읽고 색칠한 부분이 어떤 의미일지 추측해 보세요.**

여러분은 눈이 시리고 아픈 적이 있습니까? 눈이 심하게 건조하면 이런 증상이 나타납니다. 이럴 때는 수시로 인공 눈물을 넣고 5분 정도 눈을 감고 있거나 자주 눈을 깜박여 주는 게 좋습니다. 이렇게 하기 어려우면 잠깐 눈을 쉬게 하는 것도 괜찮습니다. 그러면 아쉬운 대로 **조금이나마** 눈의 건조함을 줄일 수 있습니다. 이렇게 해도 나아지지 않으면 병원에 가 보시기 바랍니다.

**2** **마음에 들지 않거나 부족하지만 아쉬운 대로 괜찮다고 말할 때 어떻게 말해요? 다음 대화를 듣고 따라 해 보세요.** 4

A 10년 동안 매달 기부하시다니 정말 대단하십니다.

B 아닙니다. 적은 돈이나마 어려운 분들에게 도움이 됐으면 해서 한 겁니다.

---

A 김 대리, 신제품 개발하느라 고생 많았어. 준비한 게 많이 반영되지 않아 실망했지?

B 별말씀을 다 하십니다. 일부나마 제 의견이 반영돼서 기쁩니다.

### 이나마/나마

'(이)나마'는 명사, 부사, 일부 조사와 함께 쓰여 마음에 들지 않거나 부족하지만 아쉬운 대로 받아들임을 나타낼 때 사용된다.

예) 작은 집이나마 우리 집이 있어서 정말 좋아요.
이번 여행으로 잠시나마 일상에서 벗어날 수 있었어요.
전화로나마 친구와 작별 인사를 할 수 있어서 다행이었어요.
작게나마 축하하는 자리를 마련했으니 즐거운 시간 보내시기 바랍니다.

## 3 다음 상황에 알맞은 것은 무엇이에요? '(이)나마'를 사용해 말해 보세요.

**상황**

(1) 시간이 없어서 친구하고 이야기를 거의 못 했다

(2) 안나가 생일 파티에 오지 않아서 섭섭했다

(3) 휴가철이라 좋은 숙소를 예약하기가 어렵다

(4) 자리가 무대와 멀어서 가수가 잘 안 보였다

(5) 운동 연습할 때 날씨가 더워서 무척 힘들었다

(6) 보고서를 쓰느라 늦게까지 야근해서 피곤하다

**감정**

- 얼굴을 볼 수 있어서 좋았다
- 문자로 축하해 줘서 고마웠다
- 방금 작은 방을 구해서 안심이다
- 해가 지니까 바람이 좀 불어서 시원했다
- 멀리서 공연을 볼 수 있어서 다행이었다
- 출근길에 잠시 지하철에서 눈을 붙여서 괜찮다

A 시간이 없어서 친구하고 이야기를 거의 못 했죠?
B 네. 그래도 얼굴이나마 볼 수 있어서 좋았어요.

## 4 다음을 보고 '(이)나마'를 사용해 서로 이야기해 보세요. 그리고 새 대화도 만들어 보세요.

지금 너무 피곤해서 도저히 집중이 안 돼요.

그럴 때는 잠깐이나마 자고 나서 공부하세요. 그럼 집중이 잘될 거예요.

| | 상황 | 생각 |
|---|---|---|
| (1) | 지금 너무 피곤해서 도저히 집중이 안 되다 | 그럴 때는 잠깐 자고 나서 공부하다 |
| (2) | 여기 주인 없는 낡은 우산이 하나 있긴 하다 | 비가 많이 오는데 그 우산이 있어서 다행이다 |
| (3) | 친구들과 같이 공부할 시간이 얼마 남지 않았다 | |
| (4) | 친구가 여행 가자는데 시간이 나지 않을 것 같다 | |
| (5) | | |
| (6) | | |

## 듣기

**1** 다음은 잠을 잘 자는 방법이에요. 사람들은 잠을 잘 자기 위해 지금 무엇을 하고 있어요?

**2** 다음은 수면 센터장과의 인터뷰예요. 잘 듣고 물음에 답해 보세요. 5

(1) 센터장에 대한 내용으로 알맞은 것을 골라 보세요.

① 작년에도 '친절한 의사'에 선정됐어요.

② 오늘 처음 수면에 대해 이야기하고 있어요.

③ 진행자의 칭찬에 자신을 자랑스럽게 생각해요.

(2) 잠을 잘 자는 방법에 대한 설명으로 알맞은 것을 골라 보세요.

① 잠을 못 자면 먼저 베개부터 바꿔야 해요.

② 주말에도 수면 리듬을 유지하는 게 좋아요.

③ 많이 자는 것보다 푹 자는 게 더 중요해요.

(3) 방송을 듣고 한 행동으로 맞지 않는 것을 골라 보세요.

①
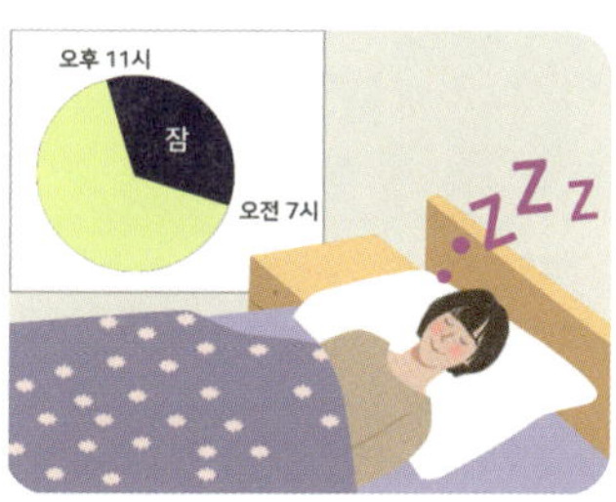


②

③

**3** 여러분은 잠을 잘 자기 위해 특별히 하는 것이 있어요? 그리고 잠들기 힘들 때는 어떻게 해요? 친구와 이야기해 보세요.

# 2 건강 검진 받는 김에 지난번 다친 데도 검사해 보세요

## 문법 3

**1** 엘렌의 주말 계획은 뭐예요? 다음 대화를 듣고 알맞은 것을 골라 보세요. 6

(1)

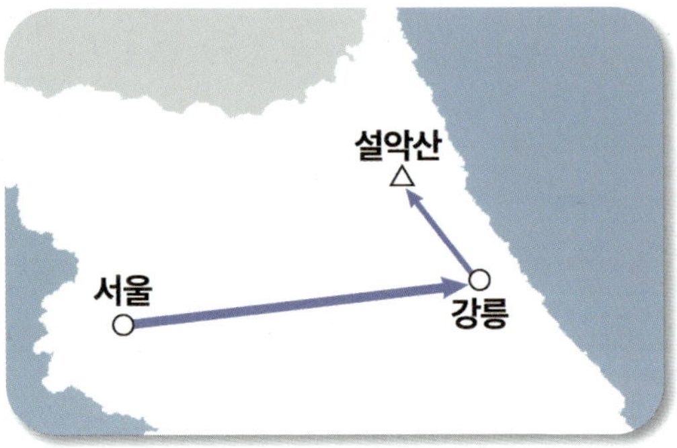


(2)

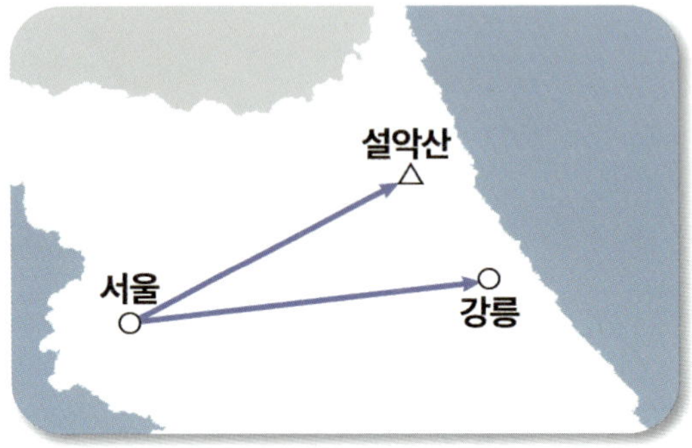


**2** 어떤 일을 하는 기회에 다른 일도 같이 함을 말할 때 어떻게 말해요? 다음 대화를 듣고 따라 해 보세요. 7

A 내일 병원에서 건강 검진을 받는 날이에요.

B 그래요? 그럼 건강 검진 받는 김에 지난번 다친 데도 검사해 보세요.

A 진영아, 책 반납하는 김에 내 책도 반납해 줄 수 있어?

B 당연하지. 반납할 책 줘.

### V-는 김에

'-는 김에'는 동사에 붙어 어떤 행동을 기회나 계기로 하여 다른 행동을 함을 나타낼 때 사용된다. 앞에 제시된 상황이 이미 끝난 경우에는 '-(으)ㄴ 김에'를 쓴다.

예) 방을 청소하는 김에 쓰레기통도 비웠어요.
언니, 세탁소에서 언니 옷 찾는 김에 내 옷도 같이 찾아 줘.
스파게티를 만드는 김에 같이 먹을 샐러드도 만들었어요.
제주도에 온 김에 유람선도 타 볼까?

**3** 다음을 보고 '-는 김에'를 사용해 말해 보세요.

(1)

방을 닦았다

(2)

커피를 주문했다

(3)

고장 난 책상을 고쳤다

(4)

박물관을 관람했다

(5)

동생 생일 선물을 샀다

(6)

세탁소에 옷을 맡겼다

A 방을 닦았어요?

B 네. 그리고 방을 닦는 김에 거실도 닦았어요.

**4** 다음을 보고 '-는 김에', '-(으)ㄴ 김에'를 사용해 서로 묻고 답해 보세요. 그리고 새 대화도 만들어 보세요.

유럽으로 배낭여행 갔다 왔다면서요?

네. 여행 간 김에 거기서 축구 경기도 관람했어요.

(1) 유럽으로 배낭여행 갔다 왔다면서요?

(2) 이번에 이사할 때 가구도 새로 살 거야?

(3) 출출해서 라면 끓이려고 하는데 너도 먹을래?

(4) 지난번에 친구가 오해한 거 어떻게 풀었어요?

(5)

(6)

## 듣고 쓰기

**1** 다음을 보고 의사와 쇼타가 무엇에 대해 이야기하고 있는지 말해 보세요.

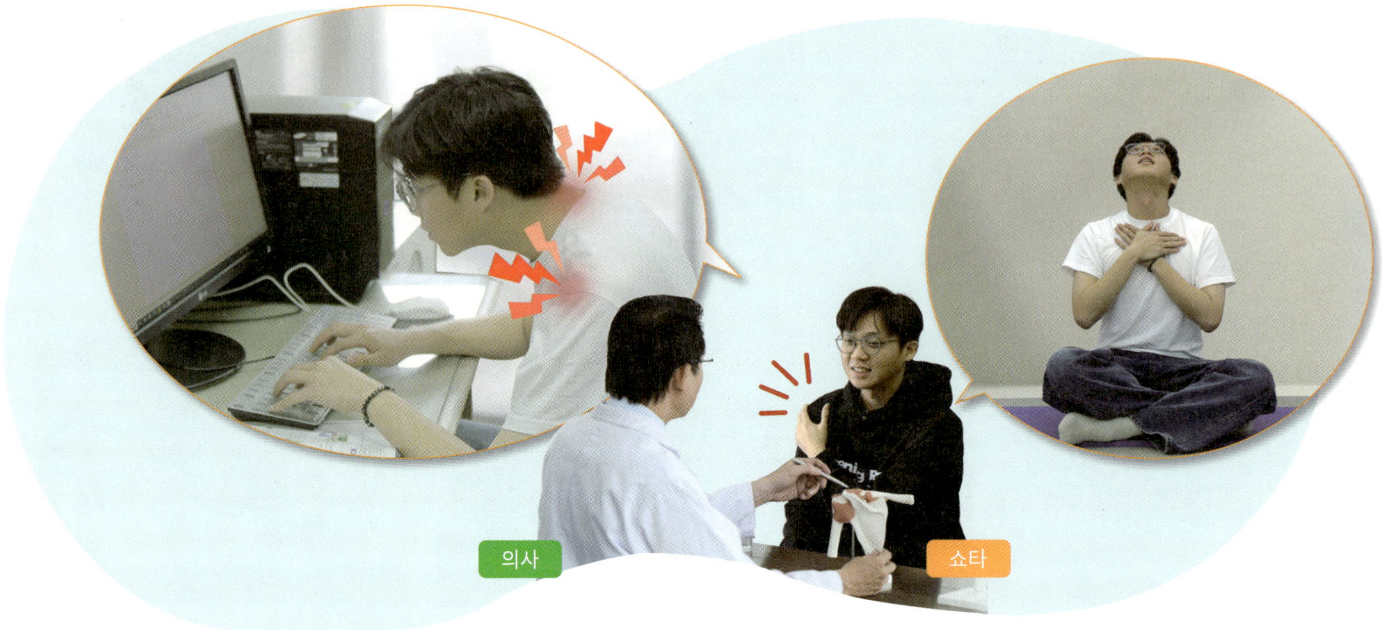


**2** 다음은 증상과 그 증상에 도움이 되는 운동에 대한 대화예요. 잘 듣고 물음에 답해 보세요. 8

(1) 대화를 잘 들으세요. 들은 내용 중 중요한 것을 메모해 보세요.

(2) 다시 대화를 듣고 물음에 답해 보세요.

1) 의사는 쇼타에게 어디를 엑스레이 찍자고 했어요?

2) 쇼타의 엑스레이 결과는 어땠어요?

3) 의사가 말한 동작으로 알맞은 것을 골라 보세요.

① 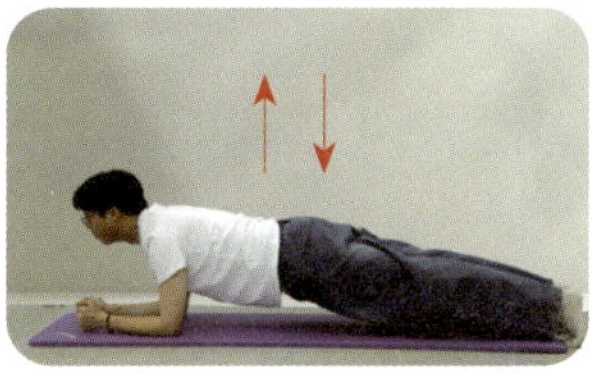

② 

③ 

(3) 한 번 더 들으세요. 들으면서 잘못 들었거나 새롭게 들은 내용을 (1)에 추가해 써 보세요.

## 3 3~4명씩 모여서 2의 내용을 바탕으로 글을 써 보세요.

(1) 2의 (1)을 서로 비교하면서 같은 것과 다른 것이 무엇인지 확인해 보세요.

(2) 2의 내용을 '-는 김에'와 '(이)나마'를 사용해 6~7문장의 글로 완성해 보세요.

쇼타는 목과 어깨가 아파서 병원에 갔어요. ______

(3) (2)의 내용과 표현이 맞는지 157~158쪽의 듣기 지문과 비교해 보세요.

## 읽고 말하기

**1** 다음은 한국 사람들이 하는 홈 트레이닝(home training)에 대한 설문 조사 결과예요. 어떤 내용인지 다음을 보고 말해 보세요.

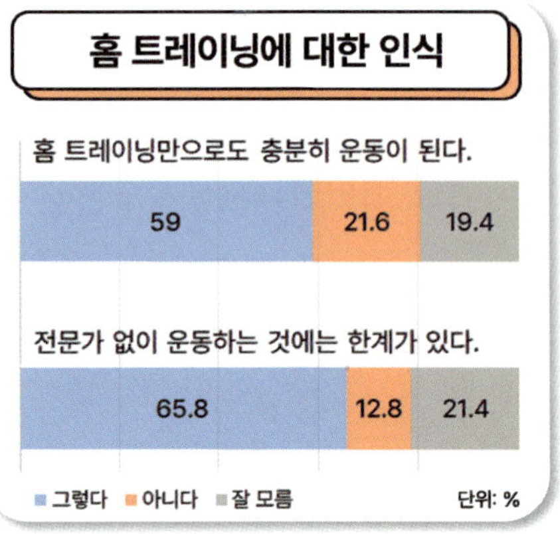


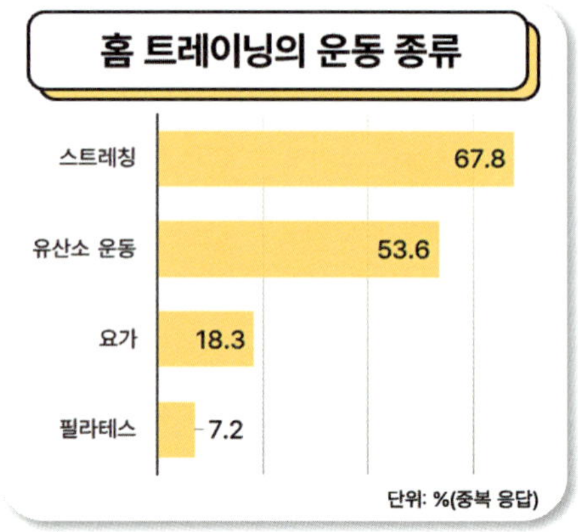


**2** 다음은 홈 트레이닝에 대한 설문 조사 결과를 쓴 글이에요. 글을 읽고 다음에 메모해 보세요.

'홈 트레이닝'은 스포츠 센터에 가지 않고 집과 같은 자신만의 공간에서 운동하는 것을 말한다. 최근 관심이 높아지고 있는 홈 트레이닝에 대해 알아보기 위해 20대부터 50대 남녀 500명을 대상으로 몇 가지 질문을 했다. 홈 트레이닝을 하는 이유로 '원하는 시간에 운동할 수 있어서'라는 응답이 70.1%로 가장 많았다. 이어 '다른 사람을 신경 쓰지 않아도 돼서' 38.9%, '돈을 아낄 수 있어서' 29%로 나타났다. 그리고 홈 트레이닝을 할 때 가장 많이 하는 운동으로는 스트레칭(67.8%)과 유산소 운동(53.6%)을 꼽았다. 마지막으로 운동 방식은 '혼자 자유롭게 운동한다.(48.5%)'는 응답이 가장 많았고 '이왕 하는 김에 전문가 동영상을 보며 제대로 한다.(29.0%)'와 '운동 앱을 켜 놓고 몸의 변화를 보면서 한다.(13.3%)'가 그 뒤를 이었다.

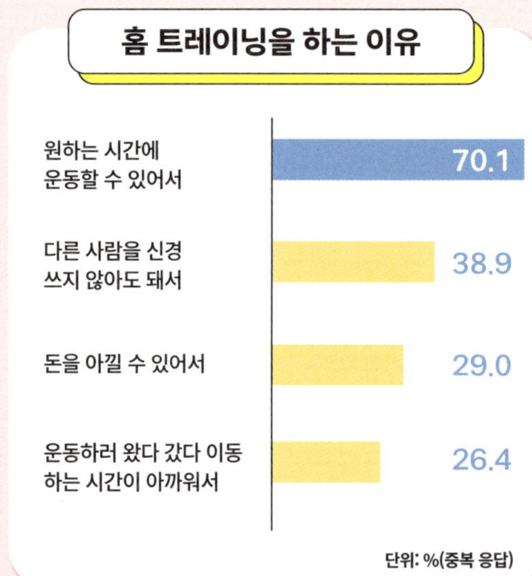


| | |
|---|---|
| 조사 목적은 뭐예요? | |
| 조사 대상은 누구예요? | |
| 조사 항목에는 뭐가 있어요? | |
| 조사 결과가 어떻게 나왔어요? | |

**3** 건강을 위해 하는 운동에 대한 그래프를 찾아 그 결과를 다음에 메모하면서 이야기를 만들어 보세요.

조사 목적은 뭐예요?

조사 대상은 누구예요?

조사 항목에는 뭐가 있어요?

조사 결과가 어떻게 나왔어요?

**4** 3~4명씩 모이세요. **3**의 메모를 보고 다음과 같이 말해 보세요. 그리고 다른 친구들의 질문에 답해 보세요.

A 홈 트레이닝에 대한 설문 조사 결과를 찾았어요. 홈 트레이닝을 하는 이유에 대한 응답은 '원하는 시간에 운동할 수 있어서'가 가장 많았어요. …… 운동 방식은 '혼자 자유롭게 운동한다.'가 48.5%로 가장 많았고 '이왕 하는 김에 전문가 동영상을 보며 제대로 한다.'와 '운동 앱을 켜 놓고 몸의 변화를 보면서 한다.'가 그 뒤를 이었어요.

B 잘 들었어요. 그런데 홈 트레이닝을 할 때 많이 하는 운동 종류에 대해 알려 주신 김에 가장 많이 하는 스트레칭 동작도 알려 주실 수 있나요?

**5** 각 팀에서 제일 흥미 있는 이야기를 골라 발표해 보세요.

## 어휘와 표현 2

**1** 다음은 건강과 관련된 표현이에요. 소리 내 읽어 보세요. 그리고 의미를 알아보세요.

(1)

속이 쓰려요

(2)

졸음이 쏟아져요

(3)

과식으로 체했어요

(4)

영양소를 흡수해요

(5)

끼니를 챙겨 먹어요

(6)

카페인에 중독됐어요

(7)

성장에 영향을 끼쳐요

(8)

음식을 골고루 섭취해요

**2** 다음 대화를 듣고 **1**의 표현을 사용해 문장을 완성해 보세요. 9

(1) 진영은 빈속에 커피를 마셔서 ______________________.

(2) 엘렌의 건강 비결은 ______________________ 거예요.

(3) 유나는 ______________________ 것 같아서 소화제를 먹으려고 해요.

(4) 요즘 밥만 먹으면 ______________________ 정신을 차릴 수가 없어요.

(5) 아이가 고기만 먹고 ______________________ 않아서 걱정하고 있어요.

**3** **1**의 표현을 사용해 친구와 이야기해 보세요.

(1) 여러분은 아침을 잘 챙겨 먹는 편이에요? 아침에는 주로 뭘 먹어요?

(2) 여러분의 평소 식사 습관 중 건강에 도움이 된다고 생각하는 습관은 뭐예요?

## 문법 4

**1** 다음 대화를 듣고 질문에 알맞은 답을 골라 보세요. 10

(1) 외국인 설날 행사를 연 목적은 뭐예요?

① 한국의 설 문화를 알리려고요.

② 설 연휴를 즐겁게 보내려고요.

(2) 취업 사이트를 왜 만들었어요?

① 직원을 채용하기 위해서요.

② 채용 정보를 알려 주기 위해서요.

**2** 어떤 일을 하는 목적이나 의도를 말할 때 어떻게 말해요? 다음 대화를 듣고 따라해 보세요. 11

A 1번 후보자님께서는 서울 시장이 되시면 가장 먼저 무엇을 하실 겁니까?

B 시민들의 편안한 휴식 공간을 만들고자 공원을 늘리려고 합니다.

A 서울 집값이 작년에 비해 크게 올랐는데 2번 후보자님은 어떻게 하실 생각입니까?

C 제가 서울 시장이 되면 최우선으로 서울시의 주택 가격을 안정시키고자 노력하겠습니다.

### V-고자

'-고자'는 동사, '이다'에 붙어 행동의 목적이나 의도, 희망을 나타낼 때 사용된다. '-고자 하다'로 쓰여 말하는 사람의 의도를 나타내기도 한다.

예) 형편이 어려운 친구를 돕고자 이 모임을 만들게 됐습니다.
정부는 일자리를 늘리고자 대책을 세웠습니다.
좋은 작가이고자 한다면 꾸준히 좋은 글을 써야 합니다.
오늘은 여러분에게 건강의 중요성에 대해서 말씀드리고자 합니다.

**3** 학생 A와 B가 되어 다음 행동의 목적을 '-고자'를 사용해 말해 보세요. 그리고 친구의 대답을 듣고 √표 해 보세요.

학생 A

학생 B p. 152 >

질문하세요!

| 행동 | 목적 | |
|---|---|---|
| (1) 영화관을 방문했다 | ☐ 영화제 행사에 참석하다 | ☑ 이번에 개봉한 영화를 홍보하다 |
| (2) 기부 행사를 했다 | ☐ 혼자 사는 노인들을 돕다 | ☐ 유니세프(UNICEF)에 기부하다 |
| (3) 마라톤 대회에 참가했다 | ☐ 체력을 단련하다 | ☐ 제 자신의 한계에 도전하다 |
| (4) 라이브 방송을 많이 하다 | ☐ 채팅으로 팬들과 더 많이 소통하다 | ☐ 시청자에게 친근하고 편안한 모습을 보여 주다 |

대답하세요!

| 행동 | 목적 | |
|---|---|---|
| (5) 여행을 자주 가다 | ☐ 지식을 넓히다 | ☑ 여행안내 책을 쓰다 |
| (6) 한국어를 공부하다 | ☑ 한국 대학교에 진학하다 | ☐ 한국 회사에 취직하다 |
| (7) 갑자기 도서관에 왔다 | ☑ 도서관 시설을 둘러보다 | ☐ 학생들을 응원하다 |
| (8) 사장님께 이메일을 썼다 | ☐ 감사한 마음을 표현하다 | ☑ 회사 생활의 어려움을 말씀드리다 |

A 영화관을 방문한 목적이 어떻게 되십니까?

B 이번에 개봉한 영화를 홍보하고자 영화관을 방문했습니다.

**4** 다음을 보고 '-고자'를 사용해 서로 묻고 답해 보세요. 그리고 새 대화도 만들어 보세요.

우리 회사에 인턴으로 지원한 동기가 무엇입니까?

| | 질문 | 대답 |
|---|---|---|
| (1) | 우리 회사에 인턴으로 지원한 동기가 무엇입니까? | 전공과 관련 있는 경험을 쌓다 |
| (2) | 왜 매년 '고객과의 만남' 행사를 하십니까? | 고객들의 소중한 의견을 듣다 |
| (3) | 갑자기 회사를 그만두는 이유를 여쭤봐도 될까요? | |
| (4) | 이번 설문 조사의 주제는 무엇입니까? | |
| (5) | | |
| (6) | | |

전공과 관련 있는 경험을 쌓고자 지원하게 됐습니다.

## 말하기

몸이 지치고 힘들 때 먹으면 좋은 음식에 대해 이야기하려고 해요. 건강에 좋은 음식을 권하고 이 음식을 자주 먹는 정도와 건강을 위해 무엇을 하면 좋은지 조언하는 역할극을 해 보세요.

**1** 다음은 역할극의 상황이에요. 다음을 보고 어떤 상황인지 친구와 이야기해 보세요.

루이즈는 요즘 몸이 지치고 힘들어요. 유나에게 자신의 건강 상태를 말하고 어떻게 하면 좋은지 물어봐요. 유나는 건강에 좋은 삼계탕 같은 음식을 자주 먹는다고 말해요. 그리고 루이즈와 유나는 건강을 지키기 위해 해야 하는 일에 대해 말해요.

(1) 여러분은 건강에 좋은 음식을 자주 먹는 정도를 말할 때와 끼니를 잘 챙겨 먹는 목적을 말할 때 어떻게 말해요? 이때 사용하는 표현을 써 보세요. 그리고 루이즈와 유나가 되어 역할극을 해 보세요.

| 기능 | 표현 |
|---|---|
| 건강에 좋은 음식을 자주 먹는 정도 말하기 | |
| 끼니를 잘 챙겨 먹는 목적 말하기 | |

루이즈

① 유나에게 건강에 좋은 음식을 얼마나 자주 먹는지 물어보세요.

① 루이즈에게 건강에 좋은 음식을 얼마나 자주 먹는지 답하세요.

② 루이즈에게 끼니를 잘 챙겨 먹는 목적을 말하세요.

유나

② 유나에게 건강을 위해 끼니를 잘 챙겨 먹겠다고 답하세요.

(2) (1)에서 만든 대화에 대해 말해 보세요.

여러분은 건강에 좋은 음식을 자주 먹는 정도를 말할 때 어떻게 말했어요?

끼니를 잘 챙겨 먹는 목적을 말할 때 어떻게 말했어요?

## 2 건강에 좋은 음식을 자주 먹는 정도를 말할 때와 끼니를 잘 챙겨 먹는 목적을 말할 때 어떻게 말하는지 알아보세요.

(1) 건강에 좋은 음식을 자주 먹는 정도를 말할 때 어떻게 표현할까요?

**건강에 좋은 음식을 자주 먹는 정도 말하기**

A 삼계탕 같은 건강에 좋은 음식을 얼마나 자주 먹어요?

B
- 전 몸이 안 좋을 때 먹으니까 일 년에 한 다섯 번 정도 먹는 것 같아요.
- 전 기운이 없을 때마다 먹으니까 일 년에 다섯 번쯤은 먹는 것 같아요.
- 전 기운이 없으면 거의 매번 먹는데요. 일 년에 최소 다섯 번은 먹는 것 같아요.

(2) 끼니를 잘 챙겨 먹는 목적을 말할 때 어떻게 표현할까요?

**끼니를 잘 챙겨 먹는 목적 말하기**

A
- 건강을 지키려고 우선 끼니부터 챙겨 먹고 있어요.
- 건강을 지키기 위해서 끼니를 잘 챙겨 먹고 있어요.
- 건강을 지키고자 무엇보다 끼니를 잘 챙겨 먹고 있어요.

B 그래요? 저도 이제부터 건강을 위해서 끼니를 잘 챙겨 먹을게요.

**3** 다음 대화를 들은 후 읽어 보세요. 그리고 대화 내용과 순서를 알아보세요. 12

**건강 상태 말하기**

루이즈　요즘 왜 이렇게 몸이 지치고 힘든지 모르겠어요.

유나　루이즈 씨, 지난달에 아르바이트를 시작했죠? 주말에도 쉬지 못하고 계속 일해서 그럴 거예요.

**건강에 좋은 음식 권하기**

루이즈　저도 그런 것 같아요. 그런데 이럴 때는 어떻게 하면 좋을까요?

유나　우선 아르바이트를 줄이고 좀 쉬세요. 그리고 기운을 보충해야 돼요. 한국에서는 그럴 때 건강에 좋은 삼계탕 같은 음식을 먹어요.

**건강에 좋은 음식 자주 먹는 정도 말하기**

루이즈　그래요? 유나 씨도 삼계탕을 자주 먹어요?

유나　네. 전 기운이 없을 때마다 먹으니까 일 년에 다섯 번쯤은 먹는 것 같아요.

**끼니를 잘 챙겨 먹는 목적 말하기**

루이즈　아. 그래서 유나 씨가 기운이 넘치는군요! 저도 한번 먹어 봐야겠어요.

유나　네. 그러세요. 그런데 저는 건강을 지키고자 무엇보다 끼니를 잘 챙겨 먹고 있어요. 루이즈 씨는 거의 점심을 안 먹는 것 같던데 삼계탕도 좋지만 건강을 위해 끼니부터 잘 챙겨 먹는 게 어때요?

루이즈　아르바이트 때문에 못 먹을 때가 많았어요. 그런데 이젠 건강을 위해서 잘 챙겨 먹을게요. 유나 씨, 고마워요.

**4** 다음 대화 상황과 역할을 읽고 **2**와 **3**에서 배운 것을 활용해 사람 1과 사람 2가 되어 역할극을 해 보세요.

사람 1

요즘 특별히 아픈 건 아니지만 몸이 안 좋아요. 사람 2에게 몸이 안 좋다고 말하고 이럴 때 어떻게 하면 좋은지 물어보세요. 사람 2가 건강을 위해 권한 음식이나 영양제를 얼마나 자주 먹는지 물어보세요. 그리고 다른 조언도 듣고 동의하세요.

사람 2

요즘 몸이 안 좋은 사람 1에게 건강에 좋은 음식이나 영양제를 먹어 보라고 권하세요. 자신도 그 음식이나 영양제를 얼마나 자주 먹는지 말하세요. 그리고 건강을 위해 무엇을 해야 하는지도 조언하세요.

**5** 친구와 같이 만든 역할극을 발표해 보세요.

## 읽고 쓰기

**1** 다음은 건강 상식에 대해 쓴 글이에요. 글을 읽으면서 밑줄 친 표현의 의미를 추측해 보세요.

### 커피가 정말 몸에 나쁠까?

아침에 한 잔, 졸음이 쏟아지는 식후에 한 잔, 피곤해서 또 한 잔. 커피는 언젠가부터 우리 ① 삶에 자리 잡고 있다. 반면 커피를 좋아하지 않는 사람들은 대부분 커피가 건강에 해롭다고 생각해서 마시지 않는다. 그렇다면 커피는 우리가 생각하는 것만큼 몸에 나쁜 것일까? 정말 커피가 건강에 나쁜지 알아보고자 한다.

많은 사람들은 커피 속 카페인이 ② 건강을 해친다고 걱정한다. 그러나 150ml 커피 한 잔에는 카페인이 50~100mg 들어 있다. 미국의 한 연구소가 정한 하루 카페인 섭취 허용량은 성인 400mg, 청소년은 체중 1kg당 2.5mg이다. 따라서 하루 한두 잔의 커피는 건강을 해치지 않는다. 다만 네 잔 이상 마시면 카페인에 중독될 수 있다.

어린이나 청소년이 커피를 마시면 카페인 때문에 머리가 나빠진다고 하는데 아직 이에 대한 구체적인 연구 결과는 없다. 그러나 어린이나 청소년이 카페인을 많이 섭취하면 카페인이 숙면을 방해해 성장에 영향을 끼칠 수 있다. 또한 커피만 마시면 속이 쓰리다는 사람도 있는데 그 이유는 커피 속 성분이 위산을 과하게 분비시켜서 위를 자극하기 때문이다. ( Ⓐ ) 그런데 커피에는 위산이 나오는 것을 막는 성분도 있다. 이 성분은 생커피콩에는 없고 커피콩을 볶는 과정에서 생긴다. ( Ⓑ ) 강하게 볶은 커피는 가볍게 볶은 커피보다 위산이 나오는 것을 막는 성분이 두 배 이상 많다고 한다. ( Ⓒ )

이를 통해 우리는 커피가 몸에 미치는 영향에 대해 ③ 과도하게 걱정하고 있었음을 알 수 있다. 하루에 한두 잔의 커피를 마신다면 걱정할 필요는 없을 것이다.

**2** 위의 글을 다시 읽으세요. 밑줄 친 표현의 의미는 뭐예요? 추측한 의미를 쓰고 사전에서 그 의미를 찾아 보세요.

| 표현 | 추측한 의미 | 사전적 의미 |
|---|---|---|
| ① 삶에 자리 잡다 | | |
| ② 건강을 해치다 | | |
| ③ 과도하게 걱정하다 | | |

## 3 다음 물음에 답해 보세요.

(1) 이 글을 쓴 이유로 알맞은 것을 골라 보세요.

① 서로 다른 건강 상식을 비교하기 위해
② 잘못 알고 있는 건강 상식을 반박하기 위해
③ 건강 상식을 얼마나 알고 있는지 조사하기 위해

(2) 커피 속 카페인에 대한 설명으로 알맞은 것을 골라 보세요.

① 하루 400mg를 섭취하면 건강에 해롭다.
② 어린이와 청소년들의 성장에 영향을 미칠 수 있다.
③ 과도하게 섭취하면 머리가 나빠진다는 연구 결과가 있다.

(3) 다음이 들어갈 곳으로 알맞은 것을 골라 보세요.

> 그러므로 자신에게 맞는 커피를 골라 먹으면 속 쓰림을 줄일 수 있다.

① Ⓐ ② Ⓑ ③ Ⓒ

(4) 커피를 마시면 왜 속이 쓰리다고 하는지 써 보세요.

---

**+ 더 알아보기**

**N을 통해(서)/를 통해(서)**

'을/를 통해(서)'는 명사와 함께 쓰여 어떤 과정이나 경험을 바탕으로 하거나 어떤 공간을 통과해 지나감을 나타낼 때 사용된다.

예) 아이들은 놀이를 통해 많은 것을 배울 수 있어요.
선생님의 수업을 통해서 한국 문화를 더 잘 이해하게 됐어요.
도둑은 경찰이 오는 소리를 듣고 창문을 통해 도망갔어요.

## 4 여러분이 알고 있는 '우유는 완전식품이라 건강에 좋다.', '건강을 위해 물을 많이 마셔야 한다.'와 같은 건강 상식에 대해 반박하는 글을 쓰려고 해요.

(1) 여러분의 생각을 써 보세요.

| | |
|---|---|
| 잘못 알려진 건강 상식은 무엇입니까? | |
| 그 건강 상식 중 반박하는 내용은 무엇입니까? | |
| 반박하는 내용에 대한 근거는 무엇입니까? | |

(2) (1)을 바탕으로 건강 상식에 대해 반박하는 글을 써 보세요.

# 어휘와 표현 확인

의미를 아는 어휘나 표현에 √표 해 보세요.

## 1 조금이나마 건강에 도움이 됐으면 좋겠네요

- □ 수면
- □ 일찍 잠자리에 들다
- □ 숙면을 취하다
- □ 잠을 설치다
- □ 바른 자세로 앉다
- □ 엎드려서 자다
- □ 어깨를 펴고 걷다
- □ 스태프
- □ 그저
- □ 수상
- □ 대상
- □ (상을) 타다
- □ 한마디
- □ 믿기다
- □ 비기다
- □ 부상
- □ 발휘
- □ 시리다
- □ 인공 눈물
- □ (눈을) 감다
- □ (눈을) 깜빡이다
- □ 반영되다
- □ 눈을 붙이다
- □ 겸손하다
- □ 일정하다
- □ 몰다
- □ 베개

## 2 건강 검진 받는 김에 지난번 다친 데도 검사해 보세요

- □ 건강 검진
- □ 유럽
- □ 출출하다
- □ 엑스레이
- □ 눈높이
- □ 구부러지다
- □ 물리 치료
- □ 홈 트레이닝(home training)
- □ 응답
- □ 유산소 운동
- □ 조사 대상
- □ 조사 항목

## 3 체력을 단련하고자 마라톤 대회에 참가했어요

- □ 속이 쓰리다
- □ 졸음이 쏟아지다
- □ 과식으로 체하다
- □ 영양소를 흡수하다
- □ 끼니를 챙겨 먹다
- □ 카페인에 중독되다
- □ 성장에 영향을 끼치다
- □ 음식을 골고루 섭취하다
- □ 빈속
- □ 비결
- □ 소화제
- □ 정신을 차리다
- □ 채용
- □ 후보자
- □ 채팅
- □ 친근하다
- □ 둘러보다
- □ 고객
- □ 권하다
- □ 영양제
- □ 상식
- □ 언젠가
- □ 허용량
- □ 성분
- □ 위산
- □ 과하다
- □ 분비시키다
- □ 자극하다
- □ 과도하다
- □ 반박하다

# 8 단원 문제와 해결 방안

**소단원 1**
- 문제 상황과 해결 방법에 대한 어휘와 표현 익히기
- A/V-(으)ㄹ까 봐(서)
  V-(으)ㄴ/는 사이(에)
- 잘못 배달된 택배에 대한 대화 듣기

**소단원 2**
- A/V-(으)ㄴ/는 줄
- 원룸 계약을 지키지 못한 상황에 대한 대화 듣고 쓰기
- 생활 속 문제 상황에 대해 읽고 말하기

**소단원 3**
- 사과와 용서에 대한 어휘와 표현 익히기
- V-(으)ㄴ/는 탓에
- 규칙을 어긴 것에 대해 정중하게 사과하기
- 정중하게 사과하는 이메일 읽고 쓰기

A
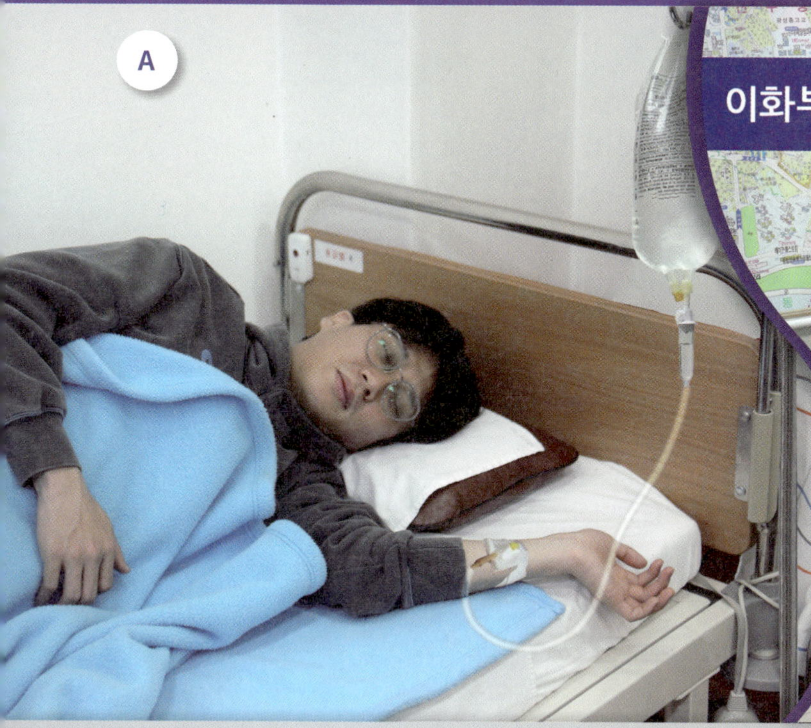

B

C

**다음 대화를 듣고 A, B, C 중에서 알맞은 사진을 찾아 써 보세요.**

1. (　　　　　　)
2. (　　　　　　)
3. (　　　　　　)

13

# 1 제때 못 받을까 봐서 미리 주문했는데요

## 어휘와 표현 1

**1** 다음은 문제 상황과 해결 방법에 대한 표현이에요. 소리 내 읽어 보세요. 그리고 의미를 알아보세요.

(1)

손해를 봤어요

(2)

계약이 깨졌어요

(3)

연체료를 냈어요

(4)

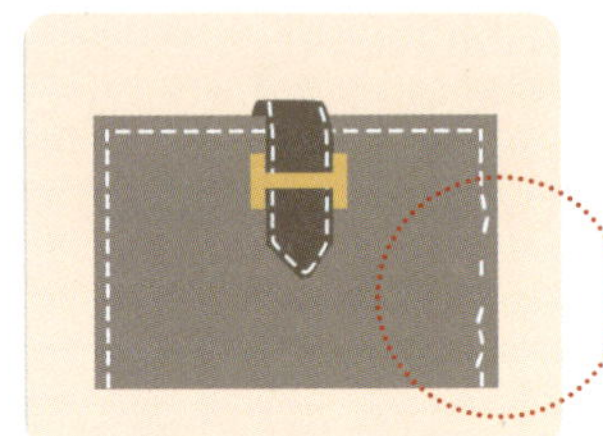

하자가 있었어요

(5)

돈을 돌려받았어요

(6)

배송이 지연됐어요

(7)

피해를 보상했어요

(8)

계산 실수를 바로잡았어요

**2** **1**의 표현을 다음에 써 보세요. 그리고 여러분이 알고 있는 다른 표현도 써 보세요.

| 문제 상황 | 해결 방법 |
|---|---|
| 예 손해를 봤어요. | |

**3** **2**의 표현을 사용해 친구와 이야기해 보세요.

(1) 여러분은 생활하면서 곤란한 일을 경험한 적이 있어요? 어떤 문제였어요?

(2) 그때 그 문제를 어떤 방법으로 해결했어요?

## 문법 1

**1** 올리버가 걱정하는 이유는 뭐예요? 다음 대화를 듣고 알맞은 것을 골라 보세요. 14

(1)

(2)

**2** 어떤 일을 걱정할 때 어떻게 말해요? 다음 대화를 듣고 따라 해 보세요. 15

A 유나 씨, 이번 주말에 속초로 여행을 간다고 했죠? 숙소랑 교통편은 예약했어요?

B 네. 그럼요. 그런데 요즘 비가 자주 와서 그때 날씨가 안 좋을까 봐 걱정이에요.

A 진차오 씨, 왜 병원에 가요? 어디 아파요?

B 아픈 게 아니라 독감에 걸릴까 봐서 예방 주사를 맞으러 가는 거예요.

### A/V-을까 봐(서)/ㄹ까 봐(서)

'-(으)ㄹ까 봐(서)'는 형용사, 동사, '이다'와 함께 쓰여 앞의 행동이 발생하거나 앞의 상황이 될 것에 대한 추측을 나타낸다. 이러한 추측이 염려스럽거나 걱정스러울 때 사용된다.

예) 치킨만 먹으면 느끼할까 봐서 콜라도 같이 주문했어요.
면접에서 면접관이 어려운 내용을 물을까 봐서 떨려요.
요즘 위가 자주 아파서 큰 병일까 봐 걱정했는데 다행히 가벼운 위염이었어요.

## 3 다음을 보고 알맞은 것을 찾아 연결하고 '-(으)ㄹ까 봐(서)'를 사용해 말해 보세요.

| | 걱정 | 행동 |
|---|---|---|
| 왜 솔직하게 말하지 않았어요? | (1) 사실대로 말하면 부모님이 걱정하시다 | 다리를 다친 사실을 숨겼다 |
| | (2) 룸메이트하고 사이가 멀어지다 | 친구에게 다른 약속이 있다고 거짓말을 했다 |
| | (3) 동창회에 다녀오면 공부할 시간이 부족하다 | 그 친구가 시끄럽게 음악을 듣는 게 불편하다고 말할 수가 없었다 |
| 지금 어디에 가요? | (4) 좋아하는 빵이 다 팔렸다 | 친구네 집에 가려고 나왔다 |
| | (5) 이렇게 입으면 저녁에 춥다 | 재킷을 가지러 기숙사에 가다 |
| | (6) 친구가 내일 귀국하는데 지금 안 보면 후회하다 | 빵집에 미리 전화해 보고 사러 가는 중이다 |

A 왜 솔직하게 말하지 않았어요?

B 사실대로 말하면 부모님이 걱정하실까 봐서 다리를 다친 사실을 숨겼어요.

## 4 다음을 보고 '-(으)ㄹ까 봐(서)'를 사용해 서로 묻고 답해 보세요. 그리고 새 대화도 만들어 보세요.

방금 사 온 고기는 어디에 있어요?

그냥 두면 상할까 봐 냉장고에 넣어 놓았어요.

(1) 방금 사 온 고기는 어디에 있어요?

(2) 한국 사람하고 말할 때 어때요?

(3) 여행 가는데 약을 왜 이렇게 많이 가져가요?

(4) 며칠 전부터 고향 친구하고 연락이 안 된다면서요?

(5)

(6)

## 문법 2

**1** 다음을 읽고 색칠한 부분이 어떤 의미일지 추측해 보세요.

오늘은 아주 바쁜 날이었다. 오전에 회의를 마치고 나오니까 거래처에서 전화가 다섯 통이나 와 있었다. 회의 후 거래처에 전화해 일을 해결했다. 그러고 나니 점심시간이 10분밖에 안 남아서 편의점에 먹을 것을 사러 갔다. 그런데 편의점에 가는 사이에 계속해서 다른 거래처에서도 전화가 왔다. 정신없이 바쁜 하루였다.

**2** 어떤 일을 하는 짧은 시간 동안에 다른 행동이 이루어짐을 나타낼 때 어떻게 말해요? 다음 대화를 듣고 따라 해 보세요. 16

A 저기 테이블 옆에 있던 강아지 못 보셨어요?
B 방금 전까지 있었는데 없어요?
A 네. 제가 저기에 묶어 놓고 잠깐 화장실에 갔다 왔는데 화장실에 다녀온 사이에 없어졌어요.
B 그래요? 제가 주문을 받는 사이에 목줄을 풀고 나간 모양이네요. 멀리 가지 않았을 테니까 같이 찾아봐요.

### V-은 사이(에)/ㄴ 사이(에), -는 사이(에)

'-(으)ㄴ/는 사이(에)'는 동사와 함께 쓰여 앞의 행동을 하는 짧은 시간 동안에 뒤의 행동이 이루어짐을 나타낸다.

예) 친구랑 전화하는 사이에 아이가 방을 엉망으로 만들어 놓았어요.
제가 잠시 조는 사이 우리 축구 팀이 골을 넣었어요.
못 본 사이에 조카가 훌쩍 커 버렸어요.

## 3 '-(으)ㄴ/는 사이(에)'를 사용해 친구와 게임을 해 보세요.

**게임 방법**

1. 다음에 ♡를 네 개 그리세요. 한 줄에 한 개씩 그리세요. 이때 짝이 보지 못하도록 하세요.
2. 가위바위보를 해서 이긴 사람이 먼저 질문해요.
3. 질문하는 사람은 짝이 그린 ♡의 위치를 추측해서 질문하세요. 대답하는 사람은 짝의 추측이 맞으면 "딩동댕!", 틀리면 "땡!"이라고 말하세요.
4. 질문하는 사람은 점수표에 점수를 쓰세요. 처음에 맞히면 4점, 두 번째 질문에 맞히면 3점, 세 번째 질문에 맞히면 2점, 네 번째 질문에 맞히면 1점이에요.
5. (1)~(4)까지 다 하면 역할을 바꿔서 짝이 질문하고 3과 4 같은 방법으로 대화하세요. 그리고 점수를 쓰세요.
6. (1)~(4)의 점수를 합해서 점수가 높은 사람이 이겨요.

| 나의 행동 / 친구의 행동 | 빨래를 널다 | 찌개를 끓이다 | 청소기를 돌리다 | 잠깐 잠이 들었다 | 점수표 (총점: ____점) |
|---|---|---|---|---|---|
| (1) 설거지를 했다 | | | ♡ | | |
| (2) 상을 차렸다 | | | | | |
| (3) 친구한테 전화했다 | | | | | |
| (4) 편의점에 다녀왔다 | | | | | |

A 언제 설거지를 했어요? 제가 빨래를 너는 사이에 설거지를 했어요?
B 땡!
A 그러면 제가 청소기를 돌리는 사이에 설거지를 했어요?
B 딩동댕!

## 4 다음을 보고 '-(으)ㄴ/는 사이(에)'를 사용해 서로 묻고 답해 보세요. 그리고 새 대화도 만들어 보세요.

상우 집에 도둑이 들었다면서요?

네. 여행으로 집을 비운 사이 도둑이 들었대요.

| | 들은 일 | 그 일이 일어난 시간 |
|---|---|---|
| (1) | 상우 집에 도둑이 들었다 | 여행으로 집을 비웠다 |
| (2) | 안나가 식사 값을 다 계산했다 | 위칭이 가방에서 지갑을 꺼내다 |
| (3) | 올리버의 휴대 전화를 동료가 몰래 봤다 | |
| (4) | 엘렌이 여행지의 유명한 맛집을 다 알아봤다 | |
| (5) | | |
| (6) | | |

## 듣기

**1** 다음은 택배 배송과 관련된 내용이에요. 어떤 문제가 생겼어요?

**2** 다음은 루이즈와 쇼핑몰 상담원의 대화예요. 잘 듣고 물음에 답해 보세요. 17

(1) 루이즈가 받은 택배의 상태로 알맞은 것을 골라 보세요.

① 

② 

③ 

(2) 루이즈에 대한 내용으로 알맞은 것을 골라 보세요.

① 지난주에 받은 물건을 반품했어요.
② 미리 주문해서 물건을 일찍 받았어요.
③ 이 물건을 내일 친구에게 선물하려고 해요.

(3) 들은 내용으로 맞지 않는 것을 골라 보세요.

① 상담원이 쇼핑몰의 실수를 인정했어요.
② 상담원이 루이즈에게 다시 전화할 거예요.
③ 상담원이 오늘 바로 물건을 보내 주기로 했어요.

**3** 여러분은 택배 배송이나 우편물 배달에 문제가 생긴 적이 있어요? 그때 어떻게 해결했어요? 친구와 이야기해 보세요.

# 2 이사 한 달 전에만 알리면 되는 줄 알았는데 아닌가요?

## 문법 3

**1** 다음 대화를 듣고 질문에 알맞은 답을 골라 보세요. 18

(1) 다샤는 왜 우산을 안 가지고 나가려고 했어요?

① 비가 오고 있는 것을 깜박했어요.

② 비가 온다는 사실을 모르고 있었어요.

(2) 진차오는 마테오에 대해 어떻게 알고 있어요?

① 마테오가 멕시코 사람이라고 생각해 왔어요.

② 마테오를 미국 사람으로 잘못 알고 있었어요.

**2** 어떤 사실에 대해 알거나 모른다고 말할 때 어떻게 말해요? 다음 대화를 듣고 따라 해 보세요. 19

최근 인터넷 쇼핑 피해가 늘고 있다고 하는데요.
피해를 입은 몇 분을 만나 보겠습니다. 무슨 일이
있으셨습니까?

처음엔 단순히 배송이 지연되는 줄
알았는데 물건이 오지 않아서
쇼핑몰에 전화해 보니까 연락이 안 됐어요.

가격이 지나치게 저렴했는데 의심은
안 하셨습니까?

그냥 세일을 해서 가격이 저렴한 줄
알았어요. 사기인 줄 몰랐어요.

### A-은 줄/ㄴ 줄<br>V-은 줄/ㄴ 줄, -는 줄

'-(으)ㄴ/는 줄'은 형용사, 동사, '이다'와 함께 쓰여 어떤 사실에 대해 알거나 모른다는 뜻을 나타낼 때 사용된다. '알다, 모르다'와 함께 쓰인다.

예) 명동에는 항상 사람이 많은 줄 알았는데 가 보니까 생각보다 사람이 적었어요.
드라마를 보느라고 룸메이트가 나가는 줄 몰랐어요.
하루 종일 날이 맑아서 장마가 끝난 줄 알았어요.
그 사람이 한 말이 거짓말인 줄 정말 몰랐어요.

## 3 다음 상황에 알맞은 것은 무엇이에요? '-(으)ㄴ/는 줄'을 사용해 말해 보세요.

**상황**

(1) 휴대 전화가 가방에 있었다

(2) 처방 받은 약을 매일 먹어야 되다

(3) 회원 가입 절차가 생각보다 복잡했다

(4) 무선 청소기에 충전이 안 되어 있었다

(5) 이 보험으로 병원비를 전액 보상받을 수 있다

(6) 이 도서관의 연체료가 다른 도서관보다 비싸다

**착각한 사실**

- 휴대 전화를 집에 놓고 왔다
- 50%만 보상받다
- 청소기가 고장 났다
- 가입 절차가 간단하다
- 이 도서관의 연체료가 더 싸다
- 증상이 있을 때만 먹으면 되다

A 휴대 전화가 가방에 있었어요?

B 네. 휴대 전화를 집에 놓고 온 줄 알았는데 가방에 있었어요.

## 4 다음을 보고 '-(으)ㄴ/는 줄'을 사용해 서로 묻고 답해 보세요. 그리고 새 대화도 만들어 보세요.

1년 동안 묵을 숙소를 직접 보니까 어땠어요?

방이 그렇게 좁은 줄 몰랐어요. 깨끗하고 넓은 줄 알았어요.

| | 경험한 일 | 몰랐음 | 잘못 알고 있었음 |
|---|---|---|---|
| (1) | 1년 동안 묵을 숙소를 직접 보다 | 방이 그렇게 좁다 | 깨끗하고 넓다 |
| (2) | 주말에 고궁에 가다 | 주말에도 문을 일찍 닫다 | 밤늦게까지 문을 열다 |
| (3) | 공공 자전거를 이용해 보다 | | |
| (4) | 조슈아가 만든 요리를 먹다 | | |
| (5) | | | |
| (6) | | | |

## 듣고 쓰기

**1** 다음을 보고 조슈아와 부동산 중개인이 무엇에 대해 이야기하고 있는지 말해 보세요.

**2** 다음은 원룸 계약에 대해 중개인과 한 대화예요. 잘 듣고 물음에 답해 보세요.

20

(1) 대화를 잘 들으세요. 들은 내용 중 중요한 것을 메모해 보세요.

(2) 다시 대화를 듣고 물음에 답해 보세요.

1) 조슈아가 중개인과 전화하기 전까지 계약에 대해 잘못 알고 있던 것은 뭐예요?

2) 조슈아는 어떤 계약 조건을 지키지 못하게 됐고, 계약을 지키지 못하면 무슨 문제가 생겨요?

3) 이 문제를 해결하기 위해 두 사람이 하려는 행동으로 맞지 않는 것을 골라 보세요.

①

②

③

(3) 한 번 더 들으세요. 들으면서 잘못 들었거나 새롭게 들은 내용을 (1)에 추가해 써 보세요.

**3** 3~4명씩 모여서 **2**의 내용을 바탕으로 글을 써 보세요.

(1) **2**의 (1)을 서로 비교하면서 같은 것과 다른 것이 무엇인지 확인해 보세요.

(2) **2**의 내용을 '-(으)ㄴ/는 줄', '-(으)ㄹ까 봐(서)'를 사용해 6~7문장의 글로 완성해 보세요.

조슈아는 급하게 귀국할 일이 생겨서 부동산에 전화했어요. ______________________

______________________

______________________

______________________

______________________

______________________

(3) (2)의 내용과 표현이 맞는지 162쪽의 듣기 지문과 비교해 보세요.

**+ 더 알아보기**

**N에 비해(서)**

'에 비해(서)'는 명사와 함께 쓰여 앞의 명사가 비교의 대상 또는 기준이 되어 뒤 내용과 같은 평가가 있음을 나타낼 때 사용된다. 'N에 비하면'으로 바꿔 쓸 수 있다.

예) 이 노트북은 성능에 비해 가격이 싼 편이에요.
우리 회사는 다른 회사에 비해서 월급을 많이 줘요.
이번 시험은 공부한 것에 비하면 성적이 잘 나왔어요.

## 읽고 말하기

**1** 다음은 생활 속에서 생길 수 있는 문제 상황이에요. 마트에서 무슨 일이 있었는지 다음을 보고 말해 보세요.

**2** 다음은 마트에서 생긴 문제 상황에 대해 쓴 글이에요. 글을 읽고 다음에 메모해 보세요.

한국에 온 지 얼마 안 되었을 때 생활용품을 사러 마트에 갔다. 한국의 물가가 비싸다고 들어서 돈이 많이 나올까 봐 걱정하면서 마트에 들어갔는데 마침 생활용품을 할인하고 있었다. 거의 모든 상품을 30% 할인된 가격으로 팔고 있었다. 나는 주방 용품이 필요했기 때문에 작은 냄비 한 개와 조리 도구, 컵과 그릇을 샀다. 사는 김에 주방 세제와 휴지도 샀다.

그런데 계산을 하고 보니 할인 상품만 산 줄 알았는데 생각보다 돈이 많이 나와서 당황했다. 아무래도 이상해서 영수증을 확인해 보니까 냄비와 컵이 할인이 안 된 가격으로 계산되어 있었다. 나는 점원에게 영수증을 보여 주면서 내가 산 냄비와 컵이 할인 상품인지 확인해 달라고 했다. 점원은 영수증을 확인하더니 계산 실수가 있었다면서 여러 번 죄송하다고 했다. 그리고 할인된 가격으로 다시 계산해 주었다. 영수증을 확인한 덕분에 계산 실수를 바로잡을 수 있었다. 정말 다행이었다.

| 상황 | 문제 발생 | 문제 제기 | 해결 |
| --- | --- | --- | --- |
| | | | |

**3** 다음은 생활 속에서 생길 수 있는 문제 상황이에요. 다음 중 하나를 골라 메모하면서 이야기를 만들어 보세요.

| 상황 | 문제 발생 | 문제 제기 | 해결 |
| --- | --- | --- | --- |
| | | | |

**4** 2명씩 모이세요. 그리고 **3**의 메모를 보고 다음과 같이 말해 보세요. 그리고 다른 친구의 질문에 답해 보세요.

A 저는 한국에 온 지 얼마 안 됐을 때 생활용품을 사러 마트에 간 적이 있어요. …… 저는 제가 할인 상품만 산 줄 알았는데 생각보다 돈이 많이 나와서 영수증을 확인해 보니까 계산이 잘못돼 있었어요. 그래서 점원에게 말하니까 점원이 할인된 가격으로 다시 계산해 줬어요.

B 잘 들었어요. 만약에 그런 상황에서 계산이 잘못된 것을 며칠 후에 알게 되면 어떻게 하는 게 좋을까요?

**5** 각 팀에서 제일 흥미 있는 이야기를 골라 발표해 보세요.

# 3 감기약을 먹은 탓에 아침에 일어날 수가 없었습니다

## 어휘와 표현 2

**1** 다음은 사과와 용서에 대한 표현이에요. 듣고 따라 해 보세요. 그리고 의미를 알아보세요. 21

(1)

선생님은 학생의 실수를 **눈감아 줬어요.**

(2)

아들은 눈물을 흘리며 어머니께 **용서를 구했어요.**

(3)

범인은 자신의 행동을 후회하며 **잘못을 뉘우쳤어요.**

(4)

유명 배우가 자신의 소셜 미디어에 **사과문을 올렸어요.**

(5)

경기에 진 선수에게 한 번 더 경기를 할 **기회를 줬어요.**

(6)

동생은 잘못을 바로 인정하지 않고 항상 **변명을 늘어놓아요.**

**2** 다음을 읽고 밑줄 친 것과 비슷한 의미를 (　　　)에서 골라 보세요.

(1) 음주 운전 사고를 낸 운전자가 잘못을 뉘우치고 (반성하는, 망설이는) 모습을 보였어요.

(2) 거래처에 보낼 서류를 깜박했는데 부장님이 제 잘못을 (지적하면서, 문제로 여기지 않고) 눈감아 줬어요.

(3) 오디션을 보다가 가사가 생각이 안 나서 노래를 망쳤는데 심사 위원이 (다시 해 보라며, 이제 그만하라며) 기회를 줬어요.

(4) 약속 시간에 늦은 친구가 사과는 하지 않고 (하나하나 따져 가며, 이런저런 이유를 말하며) 변명을 늘어놓아서 말다툼을 했어요.

(5) 배우 박연수는 드라마를 중간에 그만둔 것에 대해 팬들에게 용서를 구하며 (벌을 받겠다고, 너그럽게 이해해 달라고) 말했어요.

**3** **1**의 표현을 사용해 친구와 이야기해 보세요.

(1) 여러분은 다른 사람에게 실수나 잘못을 했을 때 어떻게 해요?

(2) 다른 사람이 여러분에게 잘못을 한 적이 있어요? 그때 어떻게 했어요?

## 문법 4

**1** **다음을 읽어 보세요. 부정적인 결과에 대한 이유나 원인을 나타내는 표현을 찾아 모두 밑줄을 그어 보세요. 그리고 그림에 맞는 표현도 찾아보세요.**

어제 급하게 나가는 바람에 창문 닫는 것을 깜박했다. 창문을 열어 놓고 나간 탓에 비가 집 안으로 들어왔다. 그래서 창문 옆에 있던 침대가 다 젖어 버렸다. 침대가 젖은 탓에 어제는 바닥에서 불편하게 자야 했다. 오늘은 침대를 말리고 방을 정리하느라고 너무 힘들었다.

**2** **부정적인 결과에 대한 원인을 말할 때 어떻게 말해요? 다음 대화를 듣고 따라 해 보세요.** 22

A 어제 뉴스에서 봤는데 70대 할머니가 대학교에 입학하셨대요.

B 저도 봤어요. 어렸을 때 가정 형편이 어려운 탓에 고등학교도 끝까지 못 마쳤다고 하던데요. 늦은 나이에 도전하는 모습이 정말 멋있었어요.

---

A 제 친구 중에 가수가 꿈인 친구가 있는데요. 노래를 정말 잘하는데 오디션을 볼 때마다 결과가 좋지 않아서 안타까워요.

B 오디션을 볼 때 사람들이 긴장하는 탓에 실력 발휘를 못 한대요. 그 친구도 긴장해서 그럴 거예요.

### A-은 탓에/ㄴ 탓에
### V-은 탓에/ㄴ 탓에, -는 탓에

'-(으)ㄴ/는 탓에'는 형용사, 동사, '이다'와 함께 쓰여 앞의 내용이 부정적인 결과에 대한 원인이나 이유가 됨을 나타낼 때 사용된다. '-(으)ㄴ/는 탓이다'의 형태로도 쓰이며, 명사의 경우 'N 탓에', 'N 탓이다'의 형태로 쓰인다.

예) 운전이 서툰 탓에 주차하는 데 시간이 많이 걸려요.
요즘 소화가 안 되는 탓에 제대로 먹지 못해 기운이 없어요.
제 동생이 발표를 힘들어하는 것은 성격이 내성적인 탓이에요.
건조한 날씨 탓에 요즘 산불이 자주 발생하고 있습니다.

## 3 다음 질문에 알맞은 그림은 무엇이에요? '-(으)ㄴ/는 탓에'를 사용해 말해 보세요.

(1) 헨젤(Hänsel)과 그레텔(Gretel)은 왜 집으로 돌아갈 수 없었어요?

(2) 거위는 왜 죽었어요?

(3) 두루미는 왜 음식을 못 먹었어요?

(4) 여우는 왜 포도를 따 먹지 못했어요?

(5) 빨간 모자는 왜 늑대한테 속고 말았어요?

(6) 라푼첼(Rapunzel)은 왜 머리카락이 잘렸어요?

새들이 빵을 다 먹어 버렸다

그릇이 얕다

나무가 너무 높다

농부가 욕심을 부렸다

마녀 몰래 왕자를 만났다

늑대가 할머니 흉내를 내다

A 헨젤(Hänsel)과 그레텔(Gretel)은 왜 집으로 돌아갈 수 없었어요?
B 새들이 빵을 다 먹어 버린 탓에 집으로 돌아갈 수 없었어요.

## 4 다음을 보고 '-(으)ㄴ/는 탓에'를 사용해 서로 묻고 답해 보세요. 그리고 새 대화도 만들어 보세요.

아까 시작한 야구 경기가 중단된 거예요?

네. 갑자기 비가 쏟아지는 탓에 중단됐어요.

(1) 아까 시작한 야구 경기가 중단된 거예요?
(2) 왜 배탈이 났어요?
(3) 피곤해 보이는데 잠을 못 잤어요?
(4) 여행지 숙소 예약이 벌써 마감됐어요?

(5)

(6)

## 말하기

학교에서 지켜야 하는 규칙을 어긴 것에 대해 이야기하려고 해요. 규칙을 어긴 것에 대해 선생님께 변명하고 정중하게 사과하는 역할극을 해 보세요.

**1** 다음은 역할극의 상황이에요. 다음을 보고 어떤 상황인지 친구와 이야기해 보세요.

수업 시간에 휴대 전화를 사용하지 말아야 하는 것은 학교 규칙이에요. 그런데 루이즈는 오늘 수업 시간에 계속해서 휴대 전화를 사용했어요. 선생님이 규칙을 어긴 것에 대해 이유를 묻고 주의를 줘요. 루이즈는 이에 대해 변명하고 정중하게 죄송하다고 말씀드려요.

**수업 시간에 지켜야 할 규칙**

- 음식을 먹지 마세요.
- 한국어만 사용하세요.
- 휴대 전화를 사용하지 마세요.
- 수업에 방해가 되는 행동을 하지 마세요.

(1) 여러분은 수업 중 휴대 전화 사용 규칙을 어긴 것에 대해 선생님께 변명할 때와 규칙을 어긴 것에 대해 정중하게 사과할 때 어떻게 말해요? 이때 사용하는 표현을 써 보세요. 그리고 선생님과 루이즈가 되어 역할극을 해 보세요.

| 기능 | 표현 |
|---|---|
| 수업 중 휴대 전화 사용 규칙을 어긴 것에 대해 변명하기 | |
| 규칙을 어긴 것에 대해 정중하게 사과하기 | |

① 루이즈에게 수업 시간에 휴대 전화를 사용하는 이유를 물어보세요.

선생님

① 선생님께 수업 중 휴대 전화 사용 규칙을 어긴 것에 대해 변명하세요.

② 루이즈에게 규칙을 어긴 것에 대해 주의를 주세요.

루이즈

② 규칙을 어긴 것에 대해 선생님께 정중하게 사과하세요.

(2) (1)에서 만든 대화에 대해 말해 보세요.

여러분은 수업 중 휴대 전화 사용 규칙을 어긴 것에 대해 어떻게 변명했어요?

규칙을 어긴 것에 대해 어떻게 정중하게 사과했어요?

**2** **수업 중 휴대 전화 사용 규칙을 어긴 것에 대해 변명할 때와 규칙을 어긴 것에 대해 정중하게 사과할 때 어떻게 말하는지 알아보세요.**

(1) 수업 중 휴대 전화 사용 규칙을 어긴 것에 대해 변명할 때 어떻게 표현할까요?

**수업 중 휴대 전화 사용 규칙을 어긴 것에 대해 변명하기**

A 수업 시간에 계속 휴대 전화를 보던데 무슨 일이 있는 거예요?

B
- 모르는 단어가 많아서 사전을 검색했을 뿐이에요. 다른 걸 하지 않았어요.
- 다른 걸 한 게 아니라 사전을 찾은 거예요. 단어를 몰라서 어쩔 수 없었어요.
- 다른 게 아니라 사전에서 단어를 찾느라 그랬어요. 단어가 어려운 탓에 사전을 안 볼 수가 없었어요.

(2) 규칙을 어긴 것에 대해 정중하게 사과할 때 어떻게 표현할까요?

**규칙을 어긴 것에 대해 정중하게 사과하기**

A 주의해 줬으면 좋겠어요.

B
- 앞으로 주의하겠습니다. 오늘 규칙을 어겨 죄송합니다.
- 죄송합니다. 두 번 다시 이런 행동을 하지 않도록 조심하겠습니다.
- 다시는 이런 일이 없도록 하겠습니다. 규칙을 어겨서 정말 죄송합니다.

**3** 다음 대화를 들은 후 읽어 보세요. 그리고 대화 내용과 순서를 알아보세요. 23

| 순서 | | |
|---|---|---|
| 시간이 있는지 묻고 답하기 | 선생님 | 루이즈 씨, 할 말이 있는데 지금 시간이 있어요? |
| | 루이즈 | 네. 선생님. 그런데 무슨 일이세요? |
| 수업 중 휴대 전화 사용 규칙을 어긴 것에 대해 변명하기 | 선생님 | 루이즈 씨, 주의를 줘도 수업 시간에 계속 휴대 전화를 보던데 무슨 일이 있는 거예요? |
| | 루이즈 | 다른 게 아니라 사전에서 단어를 찾느라 그랬어요. 단어가 어려운 탓에 사전을 안 볼 수가 없었어요. |
| 규칙을 어긴 것에 대해 주의 주고 어긴 사정 말하기 | 선생님 | 사전 찾는 게 아니라 문자 보내는 걸 말하는 거예요. 그러면 수업에 집중할 수 없고 친구하고 연습할 때도 방해가 돼요. 루이즈 씨도 알다시피 수업 시간에 휴대 전화를 사용하면 안 되잖아요. |
| | 루이즈 | 죄송합니다. 사실은 오디션 결과를 기다리고 있어서 댄스 동아리 친구들하고 문자를 했어요. 앞으로는 수업 시간에 휴대 전화를 사용하지 않고 집중하겠습니다. |
| 규칙을 어긴 것에 대해 정중하게 사과하기 | 선생님 | 네. 주의해 줬으면 좋겠어요. |
| | 루이즈 | 네. 다시는 이런 일이 없도록 하겠습니다. 규칙을 어겨서 정말 죄송합니다. |

**4** 다음 대화 상황과 역할을 읽고 **2**와 **3**에서 배운 것을 활용해 사람 1과 사람 2가 되어 역할극을 해 보세요.

사람 1

한국어 선생님이에요. 요즘 사람 2가 학교 규칙을 자주 어겨요. 수업 후에 사람 2에게 학교 규칙을 지키지 않는 이유를 묻고 규칙을 어긴 것에 대해 주의를 주세요.

사람 2

한국어를 배우는 학생이에요. 요즘 학교 규칙을 잘 지키지 않았어요. 사람 1의 질문에 변명하고 사람 1에게 정중하게 사과하세요.

**5** 친구와 같이 만든 역할극을 발표해 보세요.

## 읽고 쓰기

**1** 다음은 회의에 참석하지 않은 올리버가 부장님께 정중하게 사과하는 이메일이에요. 밑줄 친 ①~④의 내용에서 올리버의 심정을 추론해 보세요.

**오늘 회의에 연락도 없이 참석하지 않아서 정말 죄송합니다.**

보낸 사람: 올리버 <oliver@germail.com>
받는 사람: 정대한 부장<jungdh@germail.com>
4월 25일(수) 오후 9:32

정대한 부장님께

부장님, 안녕하십니까? 올리버입니다.

아까 전화로 제대로 말씀드리지 못한 것 같아서 이렇게 이메일을 드립니다. 오늘 연락도 없이 회의에 참석하지 못해 다시 한번 죄송합니다. 제가 회의에서 하기로 한 출장 보고를 하지 못한 것에 대해서도 ① 뭐라고 드릴 말씀이 없습니다. 그리고 제가 멋대로 오늘 못 한 출장 보고를 다음 주 회의에서 하겠다고 말씀드린 것도 정말 죄송합니다. 제 출장 보고가 영업부 업무와 관련이 있다는 것을 미처 생각하지 못했습니다. ② 경솔하게 생각하고 행동한 점에 대해 깊이 반성하고 있습니다.

제가 ③ 변명을 늘어놓는 것처럼 들릴까 봐서 걱정이 되지만 실은 출장을 다녀온 후 밀린 일 때문에 매일 야근을 하다시피 하고 거기에 출장 보고서까지 쓰느라 며칠 동안 잠을 거의 못 잤습니다. 잠을 못 잔 탓인지 어제는 저녁부터 머리도 아프고 감기 기운도 있어서 약을 먹었습니다. 그런데 감기약을 먹은 탓에 아침에 일어날 수가 없었습니다. 제가 일어났을 때는 이미 회의가 끝난 시간이라서 본의 아니게 연락을 못 드렸습니다.

부장님, ④ 괜찮으시다면 혹시 제가 이렇게 해도 될까요? 지금 출장 보고서를 이메일로 영업부에 보내겠습니다. 그리고 기회를 주신다면 다음 주 회의에서 출장 결과를 자세하게 보고드리도록 하겠습니다.

오늘 여러 가지로 부장님께 예의 없이 행동한 것 같습니다. 앞으로는 이런 일이 없도록 주의하겠습니다. 오늘 회의에 참석한 다른 분들께도 따로 사과드리도록 하겠습니다. 오늘 일에 대해 다시 한번 용서를 구합니다.

올리버 드림

**2** 위의 글을 다시 읽으세요. 읽은 후에 밑줄 친 부분에서 느껴지는 올리버의 심정을 써 보세요.

| | 올리버의 심정 |
|---|---|
| ①, ② | |
| ③, ④ | |

## 3 다음 물음에 답해 보세요.

(1) 올리버에 대한 설명으로 알맞은 것을 골라 보세요.

① 회의에 참석하지 않은 대신 이메일로 보고했다.
② 회의에서 하지 못한 보고를 다음 회의에서 하겠다고 말했다.
③ 부장님과 전화 통화를 하면서 회의에 못 간 것에 대해 변명을 늘어놓았다.

(2) 올리버가 회의에 참석하지 못한 이유가 뭐예요? 써 보세요.

______________________________

(3) 올리버가 이메일을 쓴 목적으로 맞지 <u>않는</u> 것을 골라 보세요.

① 자신의 예의 없는 행동에 대해 죄송한 마음을 표현하기 위해
② 보고서를 열심히 썼다는 사실을 알리고 보고할 기회를 얻기 위해
③ 회의에 참석하지 못하게 된 상황에 대해 자세하게 설명하기 위해

(4) 앞으로 올리버가 하려는 행동으로 맞지 <u>않는</u> 것을 골라 보세요.

① 작성한 출장 보고서를 영업부에 보낼 것이다.
② 앞으로 같은 실수를 하지 않도록 주의할 것이다.
③ 회의에 참석한 사람들에게 따로 출장 보고를 할 것이다.

## 4 여러분이 실수하거나 잘못한 일에 대해 정중하게 사과하는 이메일을 쓰려고 해요.

(1) 여러분의 생각을 써 보세요.

| | |
|---|---|
| 누구에게 사과하고 싶습니까?<br>그 사람에게 어떤 실수나 잘못을 했습니까? | |
| 그 실수나 잘못을 한 이유는 무엇입니까? | |
| 앞으로 어떻게 하겠습니까? | |

(2) (1)을 바탕으로 정중하게 사과하는 이메일을 써 보세요.

# 어휘와 표현 확인

의미를 아는 어휘나 표현에 ✓표 해 보세요.

## 1 제때 못 받을까 봐서 미리 주문했는데요

- □ 손해를 보다
- □ 계약이 깨지다
- □ 연체료를 내다
- □ 하자가 있다
- □ 돈을 돌려받다
- □ 배송이 지연되다
- □ 피해를 보상하다
- □ 계산 실수를 바로잡다
- □ 곤란하다
- □ 두다
- □ 거래처
- □ 통
- □ 도둑이 들다
- □ 비우다
- □ 몰래
- □ 폭우
- □ 상담원
- □ 우편물
- □ 보디로션
- □ 처리

## 2 이사 한 달 전에만 알리면 되는 줄 알았는데 아닌가요?

- □ 사기
- □ 절차
- □ 무선
- □ 병원비
- □ 보상받다
- □ 공공
- □ 중개인
- □ 지불하다
- □ 조건
- □ 세입자
- □ 방을 빼다
- □ 채우다
- □ 냄비

## 3 감기약을 먹은 탓에 아침에 일어날 수가 없었습니다

- □ 눈감아 주다
- □ 용서를 구하다
- □ 잘못을 뉘우치다
- □ 사과문을 올리다
- □ 기회를 주다
- □ 변명을 늘어놓다
- □ 범인
- □ 음주 운전
- □ 운전자
- □ 반성하다
- □ 여기다
- □ 심사 위원
- □ 하나하나
- □ 말다툼
- □ 벌을 받다
- □ 너그럽다
- □ 70대
- □ 안타깝다
- □ 거위
- □ 두루미
- □ 여우
- □ 늑대
- □ 머리카락
- □ 잘리다
- □ 얕다
- □ 욕심을 부리다
- □ 마녀
- □ 흉내를 내다
- □ 중단되다
- □ 마감되다
- □ 정중하다
- □ 보고
- □ 멋대로
- □ 미처
- □ 경솔하다
- □ 실은
- □ 본의 아니게
- □ 예의 없다
- □ 심정

# 9 단원 언어와 생활

**소단원 1**
- 언어 습관에 대한 어휘와 표현 익히기
- V-다(가) 보면 V-아/어 두다
- 말의 중요성에 대한 대담 듣기

**소단원 2**
- N만 같아도
- 한국어 표현의 어원에 대한 강연 듣고 쓰기
- 신조어에 대해 읽고 말하기

**소단원 3**
- 언어 사용에 대한 어휘와 표현 익히기
- V-는 한
- 줄임말, 유행어 사용의 장단점과 지나친 사용에 대한 문제점 지적하기
- 올바른 언어 사용에 대한 주장의 글 읽고 쓰기

**다음 대화를 듣고 A, B, C 중에서 알맞은 사진을 찾아 써 보세요.**

1. (          )
2. (          )
3. (          )

24

# 1 계속 말하다 보면 실제로 이루어질 거예요

## 어휘와 표현 1

**1** 다음은 언어 습관에 대한 표현이에요. 듣고 따라 해 보세요. 그리고 의미를 알아보세요. 25

(1)

아이 말에 **귀를 기울여** 주세요.

(2)

잘 모르면서 **함부로 비난하면** 안 돼요.

(3)

가까울수록 더 **예의를 갖춰 말해야** 돼요.

(4)

**말을 신중하게 해야** 말실수를 줄일 수 있어요.

(5)

회사 동료는 일이 많다고 **불평을 늘어놓았어요.**

(6)

저는 성격이 급해서인지 자꾸 **남의 말을 끊게** 돼요.

**2** 1의 표현을 다음에 써 보세요. 그리고 여러분이 알고 있는 다른 표현도 써 보세요.

| 긍정적인 것 | 부정적인 것 |
| --- | --- |
| 예 귀를 기울여요. | |

**3** 2의 표현을 사용해 친구와 이야기해 보세요.

(1) 여러분은 말할 때 어떤 습관이 있어요? 여러분의 언어 습관 중에서 긍정적인 것과 부정적인 것은 뭐예요?

(2) 다른 사람의 언어 습관 중에서 어떤 것을 배우고 싶어요? 그렇게 생각하는 이유가 뭐예요?

## 문법 1

**1** 다음을 읽고 색칠한 부분이 어떤 의미일지 추측해 보세요.

한국어 공부를 처음 시작했을 때는 열심히 해도 실력이 늘지 않는 것 같았습니다. 하지만 하루하루 노력이 쌓이니까 한국어 실력이 향상되는 것이 느껴졌습니다. 한국어 실력이 늘지 않아서 고민하는 분이 있으십니까? 괜찮습니다. 지금까지 해 왔듯이 꾸준히 **공부하다 보면** 실력이 향상된 자신을 발견하게 될 겁니다.

**2** 어떤 행동을 하는 과정에서 새로운 일이 생겼을 때 어떻게 말해요? 다음 대화를 듣고 따라 해 보세요. 26

A 루이즈 씨는 스트레스가 쌓일 때 어떻게 해요?
B 저는 친구들과 수다를 떨어요. 친구랑 이야기하**다가 보면** 좀 풀리거든요. 위칭 씨는요?
A 저는 음악을 들어요. 신나는 음악을 듣**다 보면** 스트레스가 풀려서 좋아요.

### V-다(가) 보면

'-다(가) 보면'은 동사와 함께 쓰여 어떤 행동을 하는 과정에서 새로운 사실을 알게 되거나 새로운 일이 생김을 나타낸다.

예) 새 구두를 처음 신으면 발이 아픈데 계속 신다가 보면 편해져요.
거기에서 우회전해서 쭉 가다 보면 은행이 나올 거예요.
여러 사람이 같이 살다 보면 갈등이 생길 수도 있어요.

**3** 다음을 보고 알맞은 것을 찾아 연결하고 '-다(가) 보면'을 사용해 말해 보세요.

| | 이유 | 새로운 일 |
| --- | --- | --- |
| 어떻게 하면 옷을 잘 입을 수 있을까요? | (1) 다양한 스타일의 옷을 입다 | 옷을 잘 입는 방법을 배울 수 있다 |
| | (2) 매달 패션 잡지를 보다 | 자기에게 어울리는 스타일을 찾게 되다 |
| | (3) 옷을 잘 입는 사람하고 쇼핑 다니다 | 잡지에 나오는 최신 유행 패션을 따라 입을 수 있다 |
| 어떻게 하면 한국어를 잘할 수 있을까요? | (4) 한국어 뉴스를 듣다 | 듣기 실력이 향상되다 |
| | (5) 하루에 어휘를 스무 개씩 외우다 | 쓸 수 있는 어휘가 많아지다 |
| | (6) 한국 드라마를 보며 배우의 대사를 따라 하다 | 일상생활에서 자주 쓰는 말을 익힐 수 있다 |

A 어떻게 하면 옷을 잘 입을 수 있을까요?

B 다양한 스타일의 옷을 입어 보세요. 입다 보면 자기에게 어울리는 스타일을 찾게 될 거예요.

**4** 다음을 보고 '-다(가) 보면'을 사용해 서로 이야기해 보세요. 그리고 새 대화도 만들어 보세요.

한국 음식이 매워서 적응이 안 돼요.

덜 매운 것부터 조금씩 먹다 보면 점점 익숙해질 거예요.

(1) 한국 음식이 매워서 적응이 안 돼요.

(2) 새로 산 휴대 전화의 사용 방법이 복잡해요.

(3) 동호회에 가입한 지 얼마 안 돼서 사람들이 아직 낯설어요.

(4) 한국어로 된 책을 읽고 있는데 무슨 말인지 모르겠어요.

(5)

(6)

## 문법 2

**1** 다음 대화를 듣고 질문에 알맞은 답을 골라 보세요. 27

(1) 방의 에어컨은 어떤 상태예요?

① 꺼져 있어요.

② 켜져 있어요.

(2) 엘렌의 이사 준비 상황은 어때요?

① 짐을 싸 놓았어요.

② 이사 갈 집을 청소하고 있어요.

**2** 어떤 행동의 결과가 그대로 유지되고 있을 때 어떻게 말해요? 다음 대화를 듣고 따라 해 보세요. 28

### V-아 두다/어 두다

'-아/어 두다'는 동사와 함께 쓰여 어떤 행동의 결과가 그대로 유지되고 있음을 나타낸다. 또한 다른 행동을 대비하기 위해 어떤 행동을 할 때 사용된다.

예) 사무실에 사람이 없을 때는 문을 잠가 두세요.
실례합니다. 차를 잠시 여기에 세워 둬도 될까요?
다음 주가 부모님 생신이니까 선물을 미리 준비해 두는 게 좋겠어요.

**3** 학생 A와 B가 되어 '-아/어 두다'를 사용해 말해 보세요. 그리고 친구의 대답을 듣고 준비한 것에 ○, 아직 준비하지 않은 것에 ×를 해 보세요.

**학생 A**

질문하세요!

[회의 준비] 회의 시간: 내일 2시

| | |
|---|---|
| (1) 회의실을 빌렸다 | ○ |
| (2) 발표자를 정했다 | |
| (3) 발표 자료를 만들었다 | |
| (4) 회의 때 마실 음료수를 샀다 | |

**학생 B** p.153 >

대답하세요!

[여행 준비] 여행 가는 날짜: 다음 주 월요일

(5) 한 달 전에 숙소를 예약했다

(6) 이번 주말까지 짐을 쌀 것이다

(7) 지난주에 여행지 정보를 찾았다

(8) 이미 여행 계획을 다 세웠다

A 내일 2시에 회의를 하는데 회의실을 빌려 뒀어요?

B 네. 어제 회의실을 빌려 뒀어요.

**4** 다음을 보고 '-아/어 두다'를 사용해 서로 묻고 대답해 보세요. 그리고 새 대화도 만들어 보세요.

항공사에 취직하려면
뭘 준비해야 돼요?

외국어를 잘할수록 유리하니까
외국어를 배워 두세요.

| | 목표 | 조언 |
|---|---|---|
| (1) | 항공사에 취직하다 | 외국어를 잘할수록 유리하니까 외국어를 배우다 |
| (2) | 호텔 요리사가 되다 | 요리사 자격증이 필요하니까 자격증을 따다 |
| (3) | 개인 사업을 시작하다 | |
| (4) | 한국에서 대학원에 들어가다 | |
| (5) | | |
| (6) | | |

## 듣기

**1** 다음은 말에 대한 속담이에요. 이 속담은 어떤 의미가 있을까요?

말이 씨가 된다.

발 없는 말이 천 리 간다.

**2** 다음은 말의 중요성에 대한 대담이에요. 잘 듣고 물음에 답해 보세요. 29

(1) 실험에 대해 들은 내용과 맞지 <u>않는</u> 것을 골라 보세요.

① 유리컵에 양파를 꽂아 두고 매일 물을 갈아 줬어요.
② 한 달에 한 번 말을 들려주면서 양파의 변화를 살펴봤어요.
③ 이 실험을 통해 말이 실제로 어떤 영향을 미치는지 알 수 있어요.

(2) 각 양파에 들려준 말을 써 보세요.

(3) 들은 내용으로 알맞은 것을 골라 보세요.

① 불평을 늘어놓는 것이 스트레스 해소에 효과가 있어요.
② 감사한 것이 있다면 작은 것이라도 말로 표현하는 게 좋아요.
③ 다른 사람이 자신을 비난하더라도 상처받지 않도록 노력해야 해요.

**3** 여러분은 말을 하거나 글을 쓴 것이 그대로 이루어진 경험을 한 적이 있어요? 어떤 말이나 글이 실제로 이루어졌어요? 친구와 이야기해 보세요.

## 문법 3

**1** 마테오는 작년과 올해 등산하는 게 어때요? 다음 대화를 듣고 알맞은 것을 골라 보세요. 30

(1)

(2)

**2** 상황이나 시기를 비교해 가정할 때 어떻게 말해요? 다음 대화를 듣고 따라 해 보세요. 31

A 성적 장학금을 받고 싶은데 성적이 생각보다 나빠서 걱정이에요. 95점밖에 못 받았어요.

B 95점이 나쁘다고요? 제 성적이 쇼타 씨 성적만 같아도 좋을 것 같은데요.

A 이번 주에 날씨가 갑자기 너무 추워지지 않았어요?

B 그러게 말이에요. 지난주만 같아도 이렇게 춥지는 않았었는데 곧 겨울이 올 것 같아요.

### N만 같아도

'만 같아도'는 명사와 함께 쓰여 어떤 상황이나 시기를 비교해 가정할 때 사용된다. 'N만 해도'로 바꿔 쓸 수 있다.

예) 내 댄스 실력이 루이즈만 같아도 오디션에 합격했을 텐데…….
올겨울 날씨가 작년 겨울만 같아도 눈이 많이 내릴 거예요.
옛날만 해도 네 나이에 결혼을 해서 아이가 있었어.

## 3 다음을 보고 '만 같아도'를 사용해 말해 보세요.

(1) 요즘은 사람들이 늦게 결혼하다

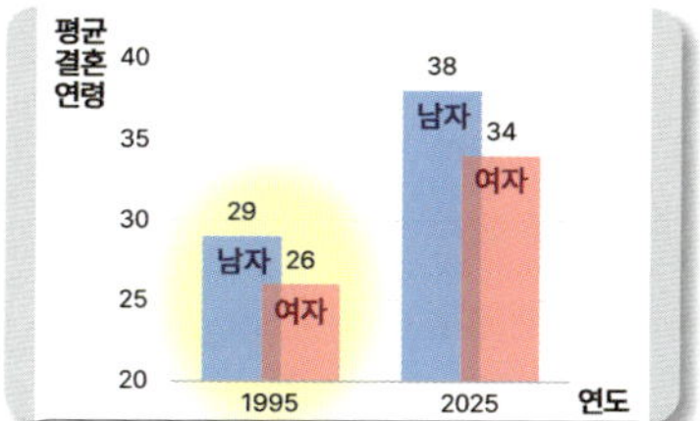


부모님 세대

(2) 위칭이 지금 기분이 안 좋다

수업 시작하기 전

(3) 시험 기간이라서 도서관에 사람이 많다

학기 초

(4) 조슈아가 이번 학기에는 지각을 안 하다

지난 학기

(5) 요즘 초등학교는 한 반에 스무 명도 안 되다

우리가 학교 다닐 때

(6) 오늘 주말이라서 길이 많이 막히다

평일

A 요즘은 사람들이 늦게 결혼하는 것 같아요.

B 그러게요. 부모님 세대만 같아도 대부분 20대에 결혼했는데 말이에요.

## 4 다음을 보고 '만 같아도'를 사용해 서로 이야기해 보세요. 그리고 새 대화도 만들어 보세요.

요즘 취직한 지 1년도 안 돼서 그만두는 경우가 많대요.

맞아요. 우리 회사만 같아도 1년 안에 그만두는 사람이 많아요.

| | 요즘 상황 | 비교 내용 |
|---|---|---|
| (1) | 요즘 취직한 지 1년도 안 돼서 그만두는 경우가 많다 | 우리 회사도 1년 안에 그만두는 사람이 많다 |
| (2) | 요즘 고등학생들도 대부분 화장을 하다 | 내가 고등학생 때는 화장하는 건 상상도 못 했다 |
| (3) | 국제결혼 하는 사람들이 늘어나고 있다 | |
| (4) | 평균 수명이 점점 길어지고 있다 | |
| (5) | | |
| (6) | | |

## 듣고 쓰기

**1** 다음을 보고 강연자가 무엇에 대해 이야기하는지 말해 보세요.

**2** 다음은 한국어 표현의 어원에 대한 전문가 강연이에요. 잘 듣고 물음에 답해 보세요. 32

(1) 강연을 잘 들으세요. 들은 내용 중 중요한 것을 메모해 보세요.

(2) 다시 대화를 듣고 물음에 답해 보세요.

1) '시치미를 떼다'라는 표현은 오늘날 어떤 의미로 쓰이고 있어요?

2) '안성맞춤'이라는 표현은 옛날과 오늘날에 어떤 의미를 갖고 있어요?

① 옛날:

② 오늘날:

3) '시치미를 떼다'와 '안성맞춤'의 어원으로 맞지 않는 것을 골라 보세요.

①

②

③

(3) 한 번 더 들으세요. 들으면서 잘못 들었거나 새롭게 들은 내용을 (1)에 추가해 써 보세요.

**3** 3~4명씩 모여서 **2**의 내용을 바탕으로 글을 써 보세요.

(1) **2**의 (1)을 서로 비교하면서 같은 것과 다른 것이 무엇인지 확인해 보세요.

(2) **2**의 대화를 '-아/어 두다'와 '만 같아도'를 사용해 6~7문장의 글로 완성해 보세요.

우리가 쓰는 말 중에는 어원이 재미있는 표현이 많아요. ______________________

(3) (2)의 내용과 표현이 맞는지 166쪽의 듣기 지문과 비교해 보세요.

## 읽고 말하기

**1** 다음은 요즘 사람들이 많이 사용하는 표현이에요. 어떤 의미인지 추측해 말해 보세요.

혼밥

육아 퇴근

반려 식물

**2** 다음은 신조어에 대해 쓴 글이에요. 글을 읽고 다음에 메모해 보세요.

언어는 의사소통의 도구이며 세상을 보여 주는 창문과 같다. 언어를 통해 우리는 사회의 변화를 알 수 있다. 사회의 변화에 따라 새로운 말이 생기게 되는데 이를 신조어라고 한다. 요즘 많이 쓰이는 '혼밥', '혼술', '혼영'은 '혼자 밥 먹기', '혼자 술 마시기', '혼자 영화 보기'라는 의미이다. 10여 년 전만 같아도 다른 사람과 이런 것을 함께하는 것이 기본이었는데 요즘에는 혼자 하는 사람이 많아졌기 때문에 새로 생긴 말이다. 그러나 언젠가 반대로 혼자 하는 것이 기본인 사회가 되면 '함께'를 의미하는 새로운 말이 생길 수도 있을 것이다.

'육아 퇴근'도 최근 많이 쓰이는 신조어이다. 이는 직장에서 일을 마치면 퇴근하듯이 아이를 돌보는 시간을 끝낸다는 의미다. 아이를 키우는 일도 퇴근이 필요할 정도로 힘들고 쉼이 필요한 일이라는 사회적 공감대 속에서 이 말이 생겼다고 볼 수 있다. 전에도 부모들이 아이를 재우고 개인적인 시간을 가졌지만 퇴근이라는 말을 통해 육아 시간과 개인 시간을 확실하게 구분하고자 하는 것을 엿볼 수 있다.

| | | |
|---|---|---|
| 혼밥, 혼술, 혼영 | 의미 | |
| | 사회적 배경 | |
| 육아 퇴근 | 의미 | |
| | 사회적 배경 | |

**3** 여러분 나라에 새로 생긴 신조어가 있어요? 그 말의 의미는 무엇이고 어떤 사회적 배경을 반영하고 있다고 생각하는지 메모해 보세요.

| | | |
|---|---|---|
| | 의미 | |
| | 사회적 배경 | |
| | 의미 | |
| | 사회적 배경 | |

**4** 3~4명씩 모이세요. **3**의 메모를 보고 다음과 같이 말해 보세요. 그리고 다른 친구들의 질문에 답해 보세요.

A ‘혼밥’, ‘혼술’, ‘혼영’은 ‘혼자 밥 먹기’, ‘혼자 술 마시기’, ‘혼자 영화 보기’라는 의미예요. 10여 년 전만 같아도 식당에서 혼자 밥을 먹거나 술집에서 혼자 술을 마시는 사람이 많지 않았는데요. …… 이런 신조어는 점점 혼자 하는 사람이 많아지는 사회의 변화를 반영하고 있다고 생각해요.

B 잘 들었어요. 신조어가 재미있네요. 그런데 ‘혼’이 들어간 또 다른 말이 있어요?

**5** 각 팀에서 제일 흥미 있는 신조어를 골라 발표해 보세요.

**+ 더 알아보기**

**A/V-을 정도/ㄹ 정도**

‘-(으)ㄹ 정도’는 형용사, 동사와 함께 쓰여 앞의 상태나 행동과 비슷한 정도나 한도를 나타낼 때 사용된다.

예) 음악 소리가 너무 커서 머리가 아플 정도예요.
열 명이 먹어도 다 먹기 힘들 정도로 음식 양이 많았어요.
이 공연은 하루 만에 표가 매진될 정도로 인기가 많아요.

# 3 될 수 있는 한 줄임말을 쓰지 않는 게 좋겠어요

## 어휘와 표현 2

**1** 다음은 언어 사용에 대한 표현이에요. 소리 내 읽어 보세요. 그리고 의미를 알아보세요.

(1)

사투리를 써요

(2)

표준어로 말해요

(3)

억양이 어색해요

(4)

말을 줄여서 해요

(5)

말투가 부드러워요

(6)

맞춤법이 틀렸어요

(7)

발음이 자연스러워요

(8)

외국어를 지나치게 사용해요

**2** 다음을 읽고 밑줄 친 것과 비슷한 의미를 (　　　　)에서 골라 보세요.

(1) 한국어를 처음 배울 때 (철자를 잘못 써서, 단어를 헷갈려서) 맞춤법이 틀린 적이 많았어요.

(2) 부산에 갔을 때 사람들이 (외국어를 쓰니까, 부산 말을 하니까) 사투리를 써서 못 알아들을 때가 많았어요.

(3) 요즘은 온라인 채팅의 영향으로 (긴말을 짧게 하는, 이상한 말로 바꾸는) 것처럼 말을 줄여서 하는 경우가 많아요.

(4) 요즘 노래에 (영어 가사를 너무 많이 써서, 발음이 어려운 단어가 많이 나와서) 외국어를 지나치게 사용한다는 지적이 있어요.

(5) 친구가 외국에서 오래 살아서인지 (목소리가 변해서, 말소리의 높낮이가 자연스럽지 않아서) 한국어 억양이 어색하게 느껴졌어요.

**3** **1**의 표현을 사용해 친구와 이야기해 보세요.

(1) 한국 사람들이 하는 말 때문에 어떤 점이 어려웠어요?

(2) 여러분 나라 사람들의 언어 사용에서 요즘 문제가 되는 것이 있어요?

## 문법 4

**1** 다음을 읽어 보세요. 조건을 나타내는 표현을 찾아 모두 밑줄을 그어 보세요. 그리고 그림에 맞는 표현도 찾아보세요.

매년 할머니 생신이 되면 돌아가신 할머니가 더 보고 싶어진다. 어릴 때부터 바쁜 어머니를 대신해서 할머니는 힘이 닿는 한 나와 동생을 돌봐 주시려고 애쓰셨다. 내가 기억하는 한 할머니는 우리에게 항상 사랑을 베풀어 주시던 분이었다. 할머니를 다시 뵐 수 있다면 할머니께 정말 감사하다고 말씀드리고 싶다.

**2** 어떤 상태나 행동의 전제 조건을 이야기할 때 어떻게 말해요? 다음 대화를 듣고 따라 해 보세요. 33

A 선배님, 앞으로도 지금처럼 항상 멋진 연기를 해 주셨으면 합니다.

B 감사합니다. 건강이 허락하는 한 최선을 다해 연기하겠습니다.

---

A 친구가 아직도 내가 왜 화났는지 모르는 것 같아. 정말 답답해.

B 뭐 때문에 화났는지 말하지그래. 네가 직접 말하지 않는 한 다른 사람은 네 마음을 알 수 없거든.

### V-는 한

'-는 한'은 동사나 '있다, 없다'와 함께 쓰여 앞의 내용이 뒤의 상태나 행동의 전제 또는 조건임을 나타낼 때 사용된다.

예) 부모님께 용돈을 받는 한 부모님으로부터 독립했다고 할 수 없지요.
이렇게 비바람이 세게 치는 한 오늘 등산 가기는 어렵겠네요.
특별한 사정이 없는 한 모두 모임에 참석해 주시기 바랍니다.

**3** 다음을 보고 '-는 한'을 사용해 말해 보세요.

| 바라는 것 | 필수 조건 | 결과 |
|---|---|---|
| (1) 돈을 많이 모으다 | 지금처럼 돈을 물 쓰듯이 쓰다 | 절대 모을 수 없다 |
| (2) 5급에 올라가다 | 매일 예습, 복습을 열심히 하다 | 반드시 5급에서 공부할 수 있을 것이다 |
| (3) 아침에 일찍 일어나다 | 밤늦게 잠을 자다 | 일찍 일어나기 힘들다 |
| (4) 허리 통증이 나아지다 | 긴 시간 계속 앉아 있다 | 허리가 아플 수밖에 없다 |
| (5) 맞춤법을 틀리지 않다 | 꾸준히 쓰기를 연습하지 않다 | 맞춤법 실수를 줄일 수 없다 |
| (6) 아이에게 좋은 습관을 갖게 하다 | 부모가 모범을 보이지 않다 | 아이가 좋은 습관을 갖기 어렵다 |

A 어떻게 하면 돈을 많이 모을 수 있을까요?

B 지금처럼 돈을 물 쓰듯이 쓰는 한 절대 모을 수 없어요. 돈을 아껴 쓰세요.

**4** 다음을 보고 '-는 한'을 사용해 서로 묻고 답해 보세요. 그리고 새 대화도 만들어 보세요.

노트북을 무상으로 수리받고 싶은데 가능할까요?

구입한 지 3년이 넘지 않는 한 무상으로 수리받으실 수 있습니다.

| | 문의 내용 | 필수 조건 |
|---|---|---|
| (1) | 노트북을 무상으로 수리받다 | 구입한 지 3년이 넘지 않다 |
| (2) | 여행 중 도난당한 물건을 보상받다 | 여행자 보험에 가입돼 있다 |
| (3) | 학교 도서관에서 책을 빌리다 | |
| (4) | 며칠 전에 산 바지를 다른 걸로 교환하다 | |
| (5) | | |
| (6) | | |

## 말하기

한국어의 올바른 사용에 대해 이야기하려고 해요. 친구가 말하는 줄임말과 유행어를 듣고 줄임말과 유행어 사용의 장단점과 지나친 사용의 문제점에 대해 말하는 역할극을 해 보세요.

**1** 다음은 역할극의 상황이에요. 다음을 보고 어떤 상황인지 친구와 이야기해 보세요.

진영이 '중도'라는 줄임말을 사용해서 말해요. 루이즈는 진영이 말한 줄임말의 의미를 묻고, 줄임말 사용의 장단점을 말해요. 루이즈와 진영은 줄임말의 지나친 사용으로 생기는 문제점에 대해 말해요.

(1) 여러분은 줄임말 사용의 장단점을 말할 때와 줄임말의 지나친 사용에 대한 문제점을 말할 때 어떻게 말해요? 이때 사용하는 표현을 써 보세요. 그리고 진영과 루이즈가 되어 역할극을 해 보세요.

| 기능 | 표현 |
| --- | --- |
| 줄임말 사용의 장단점 말하기 | |
| 줄임말의 지나친 사용에 대한 문제점 말하기 | |

진영

루이즈

① 줄임말 사용의 장단점을 물어보세요.

① 줄임말 사용의 장단점을 말하세요.

② 줄임말의 지나친 사용에 대한 문제점을 물어보세요.

② 줄임말의 지나친 사용에 대한 문제점을 말하세요.

(2) (1)에서 만든 대화에 대해 말해 보세요.

줄임말 사용의 장단점을 말할 때 어떻게 말했어요?

줄임말의 지나친 사용에 대한 문제점을 말할 때 어떻게 말했어요?

**2** 줄임말 사용의 장단점을 말할 때와 줄임말의 지나친 사용에 대한 문제점을 말할 때 어떻게 말하는지 알아보세요.

(1) 줄임말 사용의 장단점을 말할 때 어떻게 표현할까요?

**줄임말 사용의 장단점 말하기**

A 말을 줄여서 하면 알아듣기 힘들지 않아요?

B
- 처음에는 알아듣기 힘든데 알면 간단하게 빨리 말할 수 있어요.
- 처음 들었을 때는 알아듣기 힘든 반면에 알고 나서 사용하면 경제적이에요.
- 처음에는 알아듣기가 힘들기는 하지만 알고 나면 간단하게 빨리 전달할 수 있어요.

(2) 줄임말의 지나친 사용에 대한 문제점을 어떻게 표현할까요?

**줄임말의 지나친 사용에 대한 문제점 말하기**

A 줄임말을 너무 많이 사용하면 어떤 문제가 생길까요?

B
- 너무 많이 쓰면 의사소통이 힘들어질 것 같아요.
- 과도하게 사용한다면 의사소통이 어려워질 수 있어요.
- 지나치게 사용하는 한 의사소통에 문제가 생길 수밖에 없어요.

**+ 더 알아보기**

**A-을 수밖에 없다/ㄹ 수밖에 없다**
**V-을 수밖에 없다/ㄹ 수밖에 없다**

'-(으)ㄹ 수밖에 없다'는 형용사, 동사, '이다'와 함께 쓰여 그것 말고 다른 방법이 없거나 당연한 결과일 때 사용된다.

예) 외국어를 처음 배울 때는 어려울 수밖에 없어요.
머리가 너무 아파서 약을 또다시 먹을 수밖에 없었어요.
급한 일이 생겨서 약속을 취소할 수밖에 없었어요.

**3** 다음 대화를 들은 후 읽어 보세요. 그리고 대화 내용과 순서를 알아보세요. 34

**모르는 줄임말에 대해 묻고 답하기**

진영　루이즈 씨, 늦어서 미안해요. 책을 빌리러 중도에 갔다 오느라고 좀 늦었어요.

루이즈　괜찮아요. 저도 방금 왔어요. 그런데 진영 씨, 중도가 어디예요?

진영　아, 중도요? 중앙 도서관을 줄여서 중도라고 해요. 사람들이 이렇게 많이 말하는데 처음 들어 봤어요?

루이즈　네. 처음 들었는데 재미있네요. 저도 다음에 써 봐야겠어요.

**줄임말 사용의 장단점 말하기**

진영　그런데 루이즈 씨, 한국 사람들이 말을 줄여서 하면 알아듣기 힘들지 않아요?

루이즈　네. 예전에 한국 친구들이 '맛점', '깜놀'이라고 메시지를 보낸 적이 있는데 무슨 말인지 몰라서 당황한 적이 있었어요. 처음에는 알아듣기 힘들기는 하지만 알고 나면 간단하게 빨리 전달할 수 있으니까 좋은 것 같아요. 왠지 친근하게 느껴지기도 하고요.

**줄임말의 지나친 사용에 대한 문제점 말하기**

진영　네. 그런데 요즘 줄임말을 너무 많이 사용하는 사람들도 있잖아요. 그렇게 지나치게 사용하는 한 의사소통에 문제가 생길 수밖에 없어요.

루이즈　맞아요. 그러면 오히려 의사소통에 방해가 될 것 같아요.

**4** 다음 대화 상황과 역할을 읽고 **2**와 **3**에서 배운 것을 활용해 사람 1과 사람 2가 되어 역할극을 해 보세요.

사람 1

요즘 유행하는 말인 유행어의 의미를 말하세요. 그 유행어의 의미에 대한 사람 2의 질문을 듣고 의미를 말하세요. 그리고 유행어의 지나친 사용의 문제점을 말하세요.

사람 2

사람 1이 말한 유행어의 의미에 대해 질문하세요. 사람 1에게 자신이 들은 또 다른 유행어를 말하고 유행어 사용의 장단점을 말하세요. 유행어의 지나친 사용으로 생기는 문제점에 대해 서로 말하세요.

**5** 친구와 같이 만든 역할극을 발표해 보세요.

## 읽고 쓰기

**1** 다음은 외국어의 지나친 사용에 대한 주장의 글이에요. 밑줄 친 질문에 대한 답을 찾으며 글을 읽어 보세요.

### 외국어 사용 이대로 괜찮은가?

새로운 문화가 들어오면 그에 해당하는 외국어 표현도 따라온다. 이런 외국어 표현이 자주 쓰여서 일반화되면 컴퓨터, 텔레비전 등과 같이 외래어로 자리 잡게 된다. 외래어는 그 사회에 필요하기 때문에 생긴 것이므로 어떤 대상이나 상황을 더 정확하게 표현하는 데 도움이 된다. ( Ⓐ ) 문제는 굳이 사용하지 않아도 되는 외국어의 사용이다.

요즘 길거리를 걷다 보면 한국어로 된 간판을 찾기 힘들 때가 있다. 최근 가게 이름뿐 아니라 회사, 아파트, 도로의 이름 등에도 외국어가 많이 쓰이고 있다. ( Ⓑ ) 각종 텔레비전 프로그램에서 불필요하게 외국어를 사용하는 것도 끊임없이 지적되어 왔다. 외국어 사용 이대로 괜찮은 것일까?

① <u>외국어를 지나치게 사용하면 어떤 문제가 생길까?</u> 새로운 다른 것이 들어오면 본래의 것이 제 기능을 못하게 되는 경우가 많다. 그래서 외국어가 너무 많아지면 본래 있던 표현이 사라지고 그 언어에 있는 문화와 정서도 흐려질 수 있다. 또한 그 언어를 사용하는 사람들 간의 자연스러운 의사소통에도 방해가 될 수 있다. ( Ⓒ )

그렇다면 ② <u>외국어 사용을 줄이기 위해 어떻게 해야 할까?</u> 누구나 이해할 수 있는 한국어를 사용하도록 먼저 한 사람, 한 사람이 외국어의 지나친 사용에 대한 문제의식을 가지고, 될 수 있는 한 외국어를 사용하지 않기 위해 노력해야 한다. 또한 언론에서도 불필요한 외국어 사용을 줄여야 한다. 이런 노력을 하지 않는 한 지나친 외국어 사용을 막을 길이 없을 것이다.

**2** 위의 글을 다시 읽은 후에 질문에 맞는 답을 써 보세요

| 질문 | 본문에 나온 답 |
|---|---|
| ① 외국어를 지나치게 사용하면 어떤 문제가 생길까? | •<br>• |
| ② 외국어 사용을 줄이기 위해 어떻게 해야 할까? | •<br>• |

## 3 다음 물음에 답해 보세요.

(1) 이 글에 나타난 외국어 사용에 대한 입장을 골라 보세요.

① 긍정적　　② 부정적　　③ 중립적

(2) 다음 문장이 들어갈 곳으로 알맞은 것을 골라 보세요.

> 그래서 가끔 여기가 한국인지 다른 나라인지 헷갈리기도 한다.

① Ⓐ　　② Ⓑ　　③ Ⓒ

(3) 이 글의 내용으로 알맞은 것을 골라 보세요.

① 한 언어에 다른 나라의 언어가 들어오는 것이 문제이다.
② 언어에는 그 언어를 사용하는 사람들의 문화와 정서가 들어 있다.
③ TV 프로그램에서 불필요한 외국어를 사용하지 않으려고 노력하고 있다.

(4) 외래어 사용의 긍정적인 측면을 찾아 써 보세요.

---

## 4 여러분 나라의 언어 사용에서 나타나는 문제점에 대해 글을 쓰려고 해요.

(1) 여러분의 생각을 써 보세요.

| | |
|---|---|
| 여러분 나라의 언어 사용에서 나타나는 문제점이 무엇입니까? | |
| 그 문제점은 어떤 부정적인 영향을 미칩니까? | |
| 해결 방안은 무엇이라고 생각합니까? | |

(2) (1)을 바탕으로 여러분 나라의 언어 사용에 나타나는 문제점에 대해 주장의 글을 써 보세요.

# 어휘와 표현 확인

의미를 아는 어휘나 표현에 √표 해 보세요.

### 1 계속 말하다 보면 실제로 이루어질 거예요

- □ 귀를 기울이다
- □ 함부로 비난하다
- □ 예의를 갖춰 말하다
- □ 말을 신중하게 하다
- □ 불평을 늘어놓다
- □ 남의 말을 끊다
- □ 향상되다
- □ 발견하다
- □ 최신
- □ 익히다
- □ 덜
- □ 시스템
- □ 유리하다
- □ 속담
- □ 실험
- □ 갈다
- □ 줄기
- □ 뿌리
- □ 상처받다

### 2 10년 전만 같아도 이런 말이 없었어요

- □ 국제결혼
- □ 평균 수명
- □ 어원
- □ 매
- □ 오늘날
- □ 매사냥
- □ 이름표
- □ 유래하다
- □ 생겨나다
- □ 놋그릇
- □ 가리키다
- □ 의사소통
- □ 신조어
- □ 기본
- □ 쉼
- □ 확실하다
- □ 엿보다
- □ 배경

### 3 될 수 있는 한 줄임말을 쓰지 않는 게 좋겠어요

- □ 사투리를 쓰다
- □ 표준어로 말하다
- □ 억양이 어색하다
- □ 말을 줄여서 하다
- □ 말투가 부드럽다
- □ 맞춤법이 틀리다
- □ 발음이 자연스럽다
- □ 외국어를 지나치게 사용하다
- □ 헷갈리다
- □ 철자
- □ 긴말
- □ 대신하다
- □ 힘이 닿다
- □ 허락하다
- □ 모범을 보이다
- □ 무상
- □ 도난당하다
- □ 줄임말
- □ 외래어
- □ 자리 잡다
- □ 굳이
- □ 간판
- □ 불필요하다
- □ 본래
- □ 정서
- □ 흐려지다
- □ 문제의식

# 10 단원 우리 주변의 이웃

**소단원 1**
- 갈등과 해결 방법에 대한 어휘와 표현 익히기
- V-(으)려야
  V-아/어 대다
- 이웃 간 층간 소음에 대한 대화 듣기

**소단원 2**
- V-(으)ㄹ 뻔하다
- 남을 도운 사람에 대한 대화 듣고 쓰기
- 남을 도운 이야기 읽고 말하기

**소단원 3**
- 이웃을 위한 도움에 대한 어휘와 표현 익히기
- (이)야
- 재능 기부 봉사 활동 참여 권유하기
- 어려운 이웃을 돕는 사람을 소개하는 글 읽고 쓰기

**다음 대화를 듣고 A, B, C 중에서 알맞은 사진을 찾아 써 보세요.**

1. (　　　　　)
2. (　　　　　)
3. (　　　　　)

35

# 1 위층에서 강아지가 계속 짖어 대요

## 어휘와 표현 1

**1** 다음은 갈등과 해결 방법에 대한 표현이에요. 소리 내 읽어 보세요. 그리고 의미를 알아보세요.

(1)

대화로 풀어요

(2)

싸움을 말려요

(3)

화해를 청해요

(4)

갈등이 생겼어요

(5)

불편을 호소해요

(6)

잘잘못을 가려요

(7)

층간 소음에 시달려요

(8)

서로의 입장을 이해해요

**2** 다음 대화를 듣고 **1**의 표현을 사용해 문장을 완성해 보세요. 36

(1) 위칭은 쇼타에게 먼저 ____________________.

(2) 엘렌은 두 사람의 ____________________ 지쳤어요.

(3) 안나와 다샤는 여행 계획을 세우다가 ____________________.

(4) 두 사람은 매일 위층에서 피아노를 치는 바람에 ____________________ 있어요.

(5) 루이즈는 공사하는 큰 차들 때문에 위험하다고 ____________________ 있어요.

**3** **1**의 표현을 사용해 친구와 이야기해 보세요.

(1) 여러분은 이웃 때문에 불편한 적이 있었어요? 어떤 일 때문에 불편했어요?

(2) 어떻게 하면 이웃과의 갈등을 큰 문제없이 해결할 수 있을까요?

## 문법 1

**1** 다음을 읽어 보세요. 의도를 나타내는 표현을 찾아 모두 밑줄을 그어 보세요. 그리고 그림에 맞는 표현도 찾아보세요.

오늘부터 방학이라서 원래는 집에서 쉴까 했다. 하지만 옆집에서 나는 텔레비전 소리가 너무 커서 집에서 쉬려야 쉴 수가 없었다. 그래서 어쩔 수 없이 집을 나와서 근처 식당에 가려고 했다. 그런데 가는 식당마다 아직 문을 열지 않아서 밥을 먹으려야 먹을 수가 없었다. 그래서 식당 문을 열 때까지 카페에서 시간을 보내며 기다렸다.

**2** 어떤 일을 하려고 했지만 결국 할 수 없을 때 어떻게 말해요? 다음 대화를 듣고 따라 해 보세요. 37

A 위칭 씨, 조금 전에 왜 그렇게 화를 냈어요?
B 처음엔 저도 참으려고 했는데 도저히 화를 참으려야 참을 수가 없었어요. 쇼타가 자기가 잘못해 놓고 남의 탓만 해서요.

A 올리버 씨, 오늘 몇 번이나 전화했는데 전화를 받지 않아서 걱정했어요. 무슨 일이 있었어요?
B 미안해요. 전화가 온 걸 알았는데 아침부터 계속 회의가 있어서 전화를 하려야 할 수가 없었어요.

### V-으려야/려야

'-(으)려야'는 동사와 함께 쓰여 어떤 행동을 하고자 하는 의도가 있음을 나타낼 때 사용된다. 뒤에 주로 '-(으)ㄹ 수가 없다'와 함께 쓰여 의도를 가지고 어떤 행동을 하려고 노력했지만 그렇게 되지 않음을 의미한다. 구어에서는 주로 '-(으)ㄹ래야'의 형태로 사용된다.

예) 버스에 사람이 많아서 자리에 앉으려야 앉을 수가 없었어요.
일 때문에 여행을 가려야 갈 시간이 있어야 말이죠.
발표자의 말이 너무 빨라서 알아들으려야 알아들을 수가 없어요.
드라마의 마지막 장면이 너무 슬퍼서 울지 않을래야 않을 수가 없었어요.

## 3 다음을 보고 알맞은 것을 찾아 연결하고 '-(으)려야'를 사용해 말해 보세요.

| | 이유 | | 의도 |
|---|---|---|---|
| 왜 가게에서 그냥 나왔어요? | (1) 매장에 사람이 많았다 | • —— • | 원하는 화장품을 고르다 |
| | (2) 가게 안에 탈의실이 없었다 | • • | 사이즈가 맞는지 옷을 입어 보다 |
| | (3) 생각보다 구두가 너무 비쌌다 | • • | 가지고 있는 돈으로 마음에 드는 구두를 사다 |
| 여행은 어땠어요? | (4) 침대가 불편했다 | • • | 밤에 잠을 자다 |
| | (5) 음식이 입에 안 맞았다 | • • | 많은 곳을 구경하다 |
| | (6) 가는 곳마다 길이 막혔다 | • • | 음식을 조금이라도 먹다 |

A 왜 가게에서 그냥 나왔어요?

B 매장에 사람이 많아서 원하는 화장품을 고르려야 고를 수가 없었어요.

## 4 다음을 보고 '-(으)려야'를 사용해 서로 묻고 답해 보세요. 그리고 새 대화도 만들어 보세요.

아까부터 계속 뭘 찾는 거예요?

휴대 전화를 어디에 둔 건지 찾으려야 찾을 수가 없어요.

(1) 아까부터 계속 뭘 찾는 거예요?

(2) 건강에도 해로운데 담배를 끊으면 어때요?

(3) 계속 야근해서 피곤할 텐데 남은 일은 내일 하고 얼른 가지그래요?

(4) 그렇게 집에 문제가 많으면 빨리 다른 집을 알아보는 게 어때요?

(5)

(6)

## 문법 2

**1** 다음 대화를 듣고 질문에 알맞은 답을 골라 보세요. 38

(1) 다샤는 왜 아침에 일찍 깼어요?

① 학교에 빨리 와야 해서요.

② 룸메이트의 알람 소리가 계속 나서요.

(2) 쇼타는 도서관에서 왜 제대로 공부를 못 했어요?

① 너무 늦게 도서관에 가서요.

② 옆에 있던 두 사람이 자꾸 이야기해서요.

**2** 어떤 동작을 지나치게 반복할 때 어떻게 말해요? 다음 대화를 듣고 따라 해 보세요. 39

A 집 앞에 택배 상자가 많던데 뭘 그렇게 많이 샀어요?

B 제가 산 게 아니라 동생이 산 거예요. 요즘 온라인 쇼핑몰에서 할인을 많이 한다고 뭘 자꾸 사 대요.

A 마테오 씨, 얼굴이 안 좋아 보이네요. 무슨 일 있었어요?

B 네. 진차오가 친구들 앞에서 자꾸 음치라고 놀려 대서 진차오하고 말다툼을 했어요.

### V-아 대다/어 대다

'-아/어 대다'는 동사와 함께 쓰여 어떤 동작이나 행위를 계속해서 지나치게 반복함을 나타낸다.

예) 룸메이트가 요즘 피곤한지 밤마다 코를 골아 대요.
루이즈가 자꾸 한숨만 쉬어 대서 루이즈에게 무슨 일이 있는지 물어봤어요.
오빠는 나만 보면 방 청소하라고 잔소리를 해 대요.

**3** 다음 상황에 알맞은 것은 무엇이에요? '-아/어 대다'를 사용해 말해 보세요.

| 상황 | 지나친 행동 |
| --- | --- |
| (1) 위칭이 배탈이 났다 | 덥다고 차가운 음료수만 자꾸 마시다 |
| (2) 루이즈의 팔에 상처가 생겼다 | 모기에 물린 후에 계속 긁다 |
| (3) 유나가 동생에게 짜증을 냈다 | 밤마다 모르는 사람이 계속 문을 두드리다 |
| (4) 올리버가 경찰서에 신고했다 | 팀원들이 자신의 말만 맞는다고 우기다 |
| (5) 그 팀이 세 시간 넘게 회의했다 | 동생이 문제만 생기면 유나에게 전화하다 |
| (6) 조슈아가 버스에서 옆 사람에게 뭐라고 했다 | 옆 사람이 휴대 전화를 하면서 자꾸 밀다 |

A 왜 위칭이 배탈이 났어요?

B 덥다고 차가운 음료수만 자꾸 마셔 대서 배탈이 났대요.

**4** 다음을 보고 '-아/어 대다'를 사용해 서로 묻고 답해 보세요. 그리고 새 대화도 만들어 보세요.

조금 전에 왜 아이를 혼냈어요?

아이가 또 장난감을 사 달라고 졸라 대서요.

(1) 조금 전에 왜 아이를 혼냈어요?

(2) 왜 어젯밤에 잠을 못 잤어요?

(3) 그 사람이 왜 큰 병에 걸렸대요?

(4) 사람들이 저 선배의 말을 왜 안 믿는 거예요?

(5)

(6)

## 듣기

**1** 다음은 우리 주변에서 일어나는 일이에요. 어떤 문제가 발생한 것 같아요?

**2** 다음은 쇼타와 진영의 대화예요. 잘 듣고 물음에 답해 보세요.

40

(1) 진영에 대한 내용으로 맞지 않는 것을 골라 보세요.

① 그동안 위층에서 들리는 강아지 소리도 그냥 참았어요.
② 어제는 직접 위층에 올라가서 시끄럽다고 이야기했어요.
③ 자신도 이웃에게 피해를 주지 않도록 노력해야겠다고 생각했어요.

(2) 위층에서 말한 해결 방법에 대한 내용으로 맞지 않는 것을 골라 보세요.

①

②

③

(3) 진영의 이야기를 들은 쇼타의 태도로 알맞은 것을 골라 보세요.

① 층간 소음에 대한 이야기를 들어 주면서 공감하고 있어요.
② 층간 소음을 내고 반성하지 않는 위층을 비판하고 있어요.
③ 층간 소음에 대한 예를 들어서 층간 소음의 의미를 설명하고 있어요.

**3** 여러분은 층간 소음에 시달린 적이 있어요?
층간 소음 문제가 생겼을 때 어떻게 해결하면
좋을까요? 친구와 이야기해 보세요.

**+ 더 알아보기**

**-거리다**

'-거리다'는 동작이나 소리를 나타내는 말 뒤에 쓰여 동작이나 소리가 계속되거나 몹시 심함을 나타낼 때 사용된다.

예) 올리버가 요즘 회사에 불만이 많은지 자꾸 투덜거려요.
바다에 빠진 사람이 허우적거리면서 살려 달라고 외쳤어요.
밥을 안 먹어서인지 배에서 자꾸 꼬르륵거리는 소리가 나요.

# 2 조금만 늦었으면 큰일 날 뻔했어요

## 문법 3

**1** 조슈아에게 무슨 일이 있었어요? 다음 대화를 듣고 알맞은 것을 골라 보세요. 41

(1)

(2)

**2** 어떤 일이 일어나기 직전까지 갔지만 그 일이 일어나지 않았을 때 어떻게 말해요? 다음 대화를 듣고 따라 해 보세요. 42

A 위칭 씨, 그 케이크 먹으면 안 돼요. 며칠 전에 산 건데 날씨가 더워서 아마 상했을 거예요.
B 그래요? 그것도 모르고 그냥 먹을 뻔했네요.

A 안나 씨, 조심하세요. 앞에 계단이 있어요.
B 아, 잠깐 다른 생각을 하느라고 계단을 못 봤어요. 쇼타 씨가 아니었으면 넘어질 뻔했네요.

### V-을 뻔하다/ㄹ 뻔하다

'-(으)ㄹ 뻔하다'는 동사와 함께 쓰여 사실은 일어나지 않았지만 어떤 일이 거의 일어날 것 같았음을 나타낸다.

예) 아침에 늦잠을 자는 바람에 하마터면 수업에 지각할 뻔했어요.
갑자기 나타난 고양이 때문에 들고 있던 커피를 쏟을 뻔했어요.
배고파서 죽을 뻔했는데 이거라도 먹으니까 좀 살 것 같네요.

**3** 학생 A와 B가 되어 '-(으)ㄹ 뻔하다'를 사용해 말해 보세요. 그리고 친구의 대답을 듣고 ✓표 해 보세요.

학생 A

학생 B p.154 >

질문하세요!

| 상황 | 대답 | |
|---|---|---|
| (1) 올리버가 자전거를 타다 | ☑ 아이와 부딪히다 | ☐ 다른 자전거와 충돌하다 |
| (2) 위칭이 길을 걷다 | ☐ 눈길에 미끄러지다 | ☐ 누가 던진 공에 맞다 |
| (3) 조슈아가 설거지하다 | ☐ 그릇을 깨다 | ☐ 손을 다치다 |
| (4) 루이즈가 영화를 보다 | ☐ 내용이 슬퍼서 울다 | ☐ 영화가 무서워서 소리를 지르다 |

대답하세요!

| 상황 | 대답 | |
|---|---|---|
| (5) 유나가 산책하다 | ☑ 강아지를 잃어버리다 | ☐ 급한 연락을 못 받다 |
| (6) 쇼타가 수업을 듣다 | ☑ 너무 피곤해서 졸다 | ☐ 떠들어서 선생님께 혼나다 |
| (7) 엘렌이 고기를 굽다 | ☐ 불을 내다 | ☑ 고기를 태우다 |
| (8) 진차오가 찌개를 옮기다 | ☐ 냄비를 떨어뜨리다 | ☑ 뜨거워서 손을 데다 |

A 올리버 씨, 자전거를 타다가 무슨 일이 있었어요?

B 아이와 부딪힐 뻔했어요.

**4** 다음을 보고 '-(으)ㄹ 뻔하다'를 사용해 서로 묻고 답해 보세요. 그리고 새 대화도 만들어 보세요.

교통사고를 당한 적이 있어요?

아니요. 그런데 며칠 전에 휴대 전화를 보고 걷다가 교통사고가 날 뻔했어요.

| | 경험 | 상황 |
|---|---|---|
| (1) | 교통사고를 당하다 | 며칠 전에 휴대 전화를 보고 걷다가 교통사고가 나다 |
| (2) | 시험 시간에 늦다 | 시험 시간을 착각해서 시험을 못 보다 |
| (3) | 중요한 약속을 잊어버리다 | |
| (4) | 일이 너무 힘들어서 포기하다 | |
| (5) | | |
| (6) | | |

## 듣고 쓰기

**1** 다음을 보고 유나와 진차오가 무엇에 대해 이야기하고 있는지 말해 보세요.

**2** 다음은 가수 김지훈의 인터뷰에 대한 대화예요. 잘 듣고 물음에 답해 보세요. 43

(1) 대화를 잘 들으세요. 들은 내용 중 중요한 것을 메모해 보세요.

(2) 다시 대화를 듣고 물음에 답해 보세요.

1) 김지훈에 대한 내용으로 맞지 <u>않는</u> 것을 골라 보세요.

①

②

③

2) 김지훈은 형편이 어려운 아이들을 왜 돕는다고 말했어요?

3) 김지훈의 응급조치가 늦지 않아서 어떤 일이 생기지 않았어요?

(3) 한 번 더 들으세요. 들으면서 잘못 들었거나 새롭게 들은 내용을 (1)에 추가해 써 보세요.

**3** 3~4명씩 모여서 **2**의 내용을 바탕으로 글을 써 보세요.

(1) **2**의 (1)을 서로 비교하면서 같은 것과 다른 것이 무엇인지 확인해 보세요.

(2) **2**의 내용을 '-(으)려야'와 '-(으)ㄹ 뻔하다'를 사용해 6~7문장의 글로 완성해 보세요.

어제 가수 김지훈이 뉴스에 나와서 인터뷰를 했어요.

(3) (2)의 내용과 표현이 맞는지 170쪽의 듣기 지문과 비교해 보세요.

## 읽고 말하기

**1** 다음은 위칭과 상우가 다른 사람을 도운 이야기예요. 어떤 상황인지, 무슨 일이 일어났는지 다음을 보고 말해 보세요.

**2** 다음은 다른 사람을 도운 상황에 대해 쓴 글이에요. 글을 읽고 다음에 메모해 보세요.

오늘 오랜만에 상우를 만나 같이 점심을 먹은 후에 소화도 시키고 이야기도 하기 위해 근처에 있는 공원에 갔다. 상우와 걸으면서 이야기를 하고 있었는데 저쪽에 어떤 할머니 한 분이 서 계시는 것이 보였다. 그런데 할머니께서는 길을 잃으셨는지 주변을 계속 두리번거리고 계셨다. 우리는 할머니께 다가가 말을 걸었다. 할머니께 댁이 어디냐고 여쭤봤지만 할머니는 잘 모르겠다는 말씀만 하셨다. 그때 상우가 할머니가 하고 있던 목걸이를 주의 깊게 보더니 목걸이 뒤에 있는 연락처를 보고 가족에게 전화했다. 그리고 할머니가 지금 공원에 계신다고 하면서 가족에게 우리가 있는 곳을 말해 주었다.

그리고 10분 정도 후에 할머니의 가족들이 왔다. 가족들은 우리에게 할머니를 하마터면 못 찾을 뻔했는데 도와줘서 고맙다고 계속 인사를 했다. 우리도 가족과 빨리 연락이 되어서 다행이라고 말했다. 오늘 산책 중에 생각지도 못한 일이 생겨서 당황스럽기는 했지만 누군가를 도왔다는 생각에 마음이 뿌듯했다.

| | |
|---|---|
| 어떤 상황에서 누구를 도왔어요? | |
| 그다음에 어떻게 대처했어요? | |
| 마지막에 어떻게 상황이 정리됐어요? | |

**3** 다음은 다른 사람을 도운 이야기예요. 다음 중 하나를 골라 메모하면서 이야기를 만들어 보세요.

| | |
|---|---|
| 어떤 상황에서 누구를 도왔어요? | |
| 그다음에 어떻게 대처했어요? | |
| 마지막에 어떻게 상황이 정리됐어요? | |

**4** 2명씩 모이세요. **3**의 메모를 보고 다음과 같이 말해 보세요. 그리고 다른 친구들의 질문에 답해 보세요.

A 친구와 공원에서 산책을 하고 있는데 어떤 할머니께서 길을 잃은 것처럼 보였어요. 그래서 우리는 할머니를 도와드리려고 할머니께 다가가 말을 걸었어요. …… 할머니의 가족들이 할머니를 못 찾을 뻔했는데 도와줘서 고맙다고 인사를 했어요.

B 잘 들었어요. 덕분에 할머니께서 가족을 찾으셨군요. 그런데 할머니 가족의 연락처를 알 수 없는 경우에는 어떻게 해야 돼요?

**5** 각 팀에서 제일 흥미 있는 이야기를 골라 발표해 보세요.

# 3 재능 기부야 누구든지 할 수 있어요

## 어휘와 표현 2

**1** 다음은 이웃을 위한 도움에 대한 표현이에요. 듣고 따라 해 보세요. 그리고 의미를 알아보세요. 44

(1)

동료가 힘들어할 때
먼저 **손을 내밀어** 도와줘요.

(2)

소방관은 화재 현장에서
사람들의 **목숨을 구했어요.**

(3)

부모들은 아이들을 위해
**자신을 희생할** 때가 많아요.

(4)

그는 어려운 이웃을 돕기 위해
**전 재산을 내놓았어요.**

(5)

엘렌은 벽화를 그리는 데에
자신의 **재능을 기부했어요.**

(6)

제 꿈은 다른 사람들과 **더불어
사는** 세상을 만드는 거예요.

**2** 다음을 읽고 밑줄 친 것과 비슷한 의미를 (　　　)에서 골라 보세요.

(1) 그 군인은 나라를 위해 (생명을 바쳐, 남의 것을 빼앗아) 자신을 희생한 사람이었어요.

(2) 조슈아는 내가 힘들 때 (도움을 주려고, 화해를 청하려고) 손을 내민 유일한 사람이에요.

(3) 우리는 이웃과 (함께 잘 살 수 있는, 같이 이야기를 나누는) 더불어 사는 세상을 만들어야 돼요.

(4) 그 의사는 사고 현장에서 (죽을 뻔한 사람을 살려, 넘어질 뻔한 사람을 잡아) 다른 사람의 목숨을 구했어요.

(5) 그 사람은 어려운 이웃들에게 (값진 물건을 받는, 자신이 가진 모든 것을 다 주는) 등 전 재산을 내놓았어요.

**3** **1** 의 표현을 사용해서 친구와 이야기해 보세요.

(1) 기사를 통해 이웃을 돕는 이야기를 들어 본 적이 있어요? 어떤 이야기였어요?

(2) 우리 주변에 있는 이웃을 돕기 위해서 여러분이 할 수 있는 일에는 뭐가 있을까요?

## 문법 4

**1** 다음을 읽고 색칠한 부분이 어떤 의미일지 추측해 보세요.

새해가 되면 사람들은 자신의 새해 목표를 자주 말한다. 어떤 사람은 시험에 합격하기 위해 공부를 열심히 하겠다고 하고 또 어떤 사람은 건강을 위해 매일 한 시간씩 운동을 하겠다고 한다. 하지만 **말이야** 쉽게 할 수 있지만 그것을 꾸준히 행동으로 옮겨 목표를 이루는 사람은 많지 않다.

**2** 더 말할 필요 없이 당연하다고 강조해서 말할 때 어떻게 말해요? 다음 대화를 듣고 따라 해 보세요. 45

A 이번에 운전면허 시험에서 실수해서 면허증을 못 땄어요.
B 속상하겠어요. 그런데 운전면허 시험이야 연습해서 다시 보면 되니까 너무 실망하지 마세요.

---

A 안나 씨, 오늘 학교 앞에 한식당이 문을 열었다고 하는데 같이 갈래요?
B 저야 좋죠. 그렇지 않아도 요즘 한식을 먹고 싶었는데 벌써부터 식욕이 당기네요.

### 이야/야

'(이)야'는 명사, 부사, 일부 조사와 함께 쓰여 더 말할 필요 없이 당연하다는 뜻으로 강조할 때 사용된다.

예) 제가 요리는 못해도 라면이야 끓일 줄 알죠.
청소야 이따가 하면 되니까 이 일 먼저 도와주세요.
쇼타가 방금 나가서 멀리야 못 갔을 테니 바로 찾을 수 있을 거예요.
서울에서야 이곳 야경이 제일 멋있죠.

## 3 다음 질문에 알맞은 사진은 무엇이에요? '(이)야'를 사용해 말해 보세요.

(1) 이번에 여행 가서 일주일 동안 놀다 올 수 있어요?

(2) 내일까지 이 일을 끝낼 수 있을까요?

(3) 오늘 이 많은 이삿짐을 혼자 다 정리할 수 있겠죠?

(4) 다음 수업 시간까지 20분 남았는데 밥을 먹을 수 있을까요?

(5) 친구가 식당을 열었는데 이 돈으로 화분을 선물할 수 있을까요?

(6) 3일 뒤에 출발하는 비행기표를 취소하면 전부 환불받을 수 있겠죠?

A 이번에 여행 가서 일주일 동안 놀다 올 수 있어요?

B 글쎄요. 일주일은 놀다 올 수 없겠지만 4일 정도야 놀다 올 수 있을 거예요.

## 4 다음을 보고 '(이)야'를 사용해 서로 묻고 답해 보세요. 그리고 새 대화도 만들어 보세요.

정말 일을 더 맡아서 하고 싶어요?

네. 몸이야 힘들겠지만 그래도 그 일을 꼭 하고 싶어요.

| | 질문 | 대답 |
|---|---|---|
| (1) | 정말 일을 더 맡아서 하고 싶어요? | 몸은 힘들겠지만 그래도 그 일을 꼭 하고 싶다 |
| (2) | 쓰기 숙제 좀 도와줄 수 있어요? | 그 정도는 도와줄 수 있다 |
| (3) | 매일 요리를 하는 게 힘들지 않아요? | |
| (4) | 한국에 유학을 가면 자주 연락할 거죠? | |
| (5) | | |
| (6) | | |

## 말하기

**동아리에서 재능 기부로 어려운 사람들을 위한 봉사 활동을 하려고 해요. 이 활동에 재능 기부를 할 사람을 찾고 있어요. 친구에게 재능을 발휘해 잘할 수 있다고 강조해서 말하면서 재능 기부를 권유하는 역할극을 해 보세요.**

**1** 다음은 역할극의 상황이에요. 다음을 보고 어떤 상황인지 친구와 이야기해 보세요.

유나의 동아리에서 재능을 기부해 병원에서 음악회를 하려고 해요. 그런데 이번 음악회에서 기타를 치는 사람이 없어서 기타 연주할 사람을 찾고 있어요. 조슈아는 대학교 때 기타를 연주한 적이 있어요. 유나는 조슈아에게 음악회를 같이 하자고 권유해요.

(1) 여러분은 상황에 대한 자세한 설명을 요청할 때와 잘할 수 있다고 강조해서 말할 때 어떻게 말해요? 이때 사용하는 표현을 써 보세요. 그리고 조슈아와 유나가 되어 역할극을 해 보세요.

| 기능 | 표현 |
|---|---|
| 상황에 대한 자세한 설명 요청하기 | |
| 잘할 수 있다고 강조해서 말하기 | |

① 유나에게 어떤 상황인지 자세한 설명을 요청하세요.

조슈아

① 조슈아에게 기타 연주자를 찾는 상황을 자세히 말하세요.

② 유나에게 기타를 연주한 적이 있다고 말하세요.

유나

② 조슈아에게 같이 하자고 권유하면서 잘할 수 있다고 강조해서 말하세요.

(2) (1)에서 만든 대화에 대해 말해 보세요.

상황에 대한 자세한 설명을 요청할 때 어떻게 말했어요?

잘할 수 있다고 강조해서 말할 때 어떻게 말했어요?

## 2 상황에 대한 자세한 설명을 요청할 때와 잘할 수 있다고 강조해서 말할 때 어떻게 말하는지 알아보세요.

(1) 상황에 대한 자세한 설명을 요청할 때 어떻게 표현할까요?

**상황에 대한 자세한 설명 요청하기**

A
- 무슨 일로 같이 연주할 사람이 필요한데요?
- 같이 연주할 사람을 찾는다는 게 무슨 말이에요?
- 함께 연주할 사람이 필요하다는 말이 무슨 뜻이에요?

B 음악회를 하는데 이번에 기타 치는 친구가 같이 못 하게 돼서 연주할 사람을 찾고 있어요.

(2) 잘할 수 있다고 강조해서 말할 때 어떻게 표현할까요?

**잘할 수 있다고 강조해서 말하기**

A 제가 대학교 4년 내내 기타 동아리에서 연주를 했었어요.

B
- 그 정도면 우리가 연주하는 곡쯤이야 금방 칠 수 있을 거예요.
- 쉬운 노래라서 그 실력이면 조금만 연습해도 금방 연주할 것 같아요.
- 전에 기타를 쳐 봤으니까 이 정도 곡은 연습하면 바로 연주할 수 있지 않을까요?

## 3 다음 대화를 들은 후 읽어 보세요. 그리고 대화 내용과 순서를 알아보세요.

46

| 대화 순서 | 화자 | 대화 |
| --- | --- | --- |
| 뭐 하는지 묻고 답하기 | 조슈아 | 유나 씨, 뭐 하고 있어요? |
| | 유나 | 조슈아 씨, 지금 인터넷에 음악회에서 같이 기타를 연주할 사람을 찾는 글을 쓰고 있었어요. |
| 상황에 대한 자세한 설명 요청하고 답하기 | 조슈아 | 같이 연주할 사람을 찾는다는 게 무슨 말이에요? 무슨 공연해요? |
| | 유나 | 네. 저희 동아리에서 재능을 기부해 1년에 두세 번 병원을 다니면서 환자들을 위해 음악회를 하거든요. 그런데 이번에 기타 치는 친구가 같이 못 하게 돼서 연주할 사람을 찾고 있어요. |
| 친구에게 음악회 참여를 권유하고 잘할 수 있다고 강조해서 말하기 | 조슈아 | 기타요? 제가 대학교 4년 내내 기타 동아리에서 연주를 했었어요. |
| | 유나 | 잘됐네요. 그럼 이번에 같이 하면 어때요? 그 정도면 우리가 연주하는 곡쯤이야 금방 칠 수 있을 거예요. 별로 어렵지 않은 곡이거든요. |
| 음악회 이후의 활동 말하기 | 조슈아 | 좋아요. 제가 재능을 기부해서 다른 사람들이 행복해질 수 있다면 얼마든지 할 수 있어요. |
| | 유나 | 고마워요. 그리고 음악회가 끝난 후에는 어린 환자들과 놀아 주고 그림 그리는 활동도 해요. |
| | 조슈아 | 이야기를 들으니까 꼭 해 보고 싶네요. 기타 연습도 열심히 해야겠어요. |

## 4 다음 대화 상황과 역할을 읽고 2와 3에서 배운 것을 활용해 사람 1과 사람 2가 되어 역할극을 해 보세요.

사람 1

사람 2에게 뭐 하는지 묻고 들은 상황에 대한 자세한 설명을 요청하세요. 벽화를 그릴 사람을 찾고 있다는 이야기를 듣고 대학교 때 그림을 전공했다고 말하세요. 그리고 재능을 기부하겠다고 이야기하세요.

사람 1에게 재능을 기부해 벽화를 그릴 사람을 찾고 있다고 이야기하세요. 사람 1에게 벽화 그리는 활동에 참여를 권유하고 잘할 수 있다고 강조해서 말하세요. 그리고 벽화를 그린 후에 다른 활동도 있다고 말해 주세요.

사람 2

## 5 친구와 같이 만든 역할극을 발표해 보세요.

## 읽고 쓰기

**1** 다음은 어려운 이웃을 위해 사랑을 베푼 사람에 대해 쓴 글이에요. 각 단락의 첫 문장만 읽고 그 단락이 어떤 내용일지 추측해 보세요

### 이웃에게 손을 내민 사람, 이태석 신부

[1] 주변의 이웃에게 많은 관심을 가질 필요가 없다고 말하는 사람들이 있다. 하지만 어려운 이웃에게 손을 내밀고 이웃을 위해 자신을 희생한 사람의 이야기를 듣는다면 이런 생각이 달라질 것이다. 그러한 사람 중 한 명이 바로 '수단(Sudan)의 슈바이처(Schweitzer)'라고 불리는 이태석 신부(1962-2010)다.

[2] 이태석 신부는 의사가 되기 위해 1987년 의대를 졸업했지만 의사가 아닌 신부가 되기로 결심했다. 주변에서는 미래가 보장되는 의사라는 직업을 포기하지 않기 바랐지만 이태석 신부는 1992년부터 신학을 공부했고, 2001년에 드디어 꿈을 이루었다. 이태석 신부는 한국이야 자신이 아니어도 도움을 줄 수 있는 사람이 많지만 아프리카는 그렇지 못하다는 것을 알고 그곳에 가야겠다고 결심했다. 그래서 전쟁의 피해가 큰 수단 남부의 '톤즈(Tonj)'라는 곳에 가서 교육과 의료 봉사를 시작했다. 그리고 2001년부터 2008년까지 그곳에 학교와 기숙사를 세워 아이들이 공부할 수 있는 환경을 만들어 주었다. 그리고 병원도 지어 병으로 고통받는 사람들을 치료해 많은 사람들의 목숨을 구했다. 또한 아이들에게 음악을 가르쳐 음악을 통해 서로 화합하며 더불어 사는 방법도 알려 주었다.

[3] 그런데 2008년 휴가를 받아 한국에 왔다가 암이라는 병에 걸린 것을 알게 되었다. 그리고 1년 정도 투병하다가 2010년 ( Ⓐ ) 세상을 떠나고 말았다. 이태석 신부는 떠났지만 이웃에게 사랑을 베풀고 자신을 희생하는 삶이 무엇인지 알려 준 그는 영원히 우리에게 기억될 것이다.

**2** 위의 글을 모두 다시 읽으세요. 읽은 후에 **1**에서 추측한 내용과 다른 내용이나 새로 알게 된 내용을 써 보세요.

| 단락 | 추측한 내용과 다른 내용 | 새로 알게 된 내용 |
|---|---|---|
| [1] | | |
| [2] | | |
| [3] | | |

## 3 다음 물음에 답해 보세요.

(1) 이태석 신부에 대한 내용으로 알맞은 것을 골라 보세요.

① 처음부터 신부가 되기로 결심하고 의료 봉사를 같이하기 위해 의대에 갔다.
② 주변 사람들은 신부의 삶보다는 오히려 의사의 삶을 살면 좋겠다고 생각했다.
③ 암에 걸렸지만 건강을 회복하겠다는 개인의 의지로 완치되었다.

(2) 이태석 신부의 선행에 대한 내용으로 맞지 <u>않는</u> 것을 골라 보세요.

① 마을에 학교를 짓고 아이들이 교육을 받을 수 있도록 도움을 주었다.
② 아파도 제대로 치료를 받지 못하는 사람들을 돕기 위해 병원을 세웠다.
③ 사이가 좋지 않은 마을 사람들을 화합시키기 위해 음악을 가르쳤다.

(3) Ⓐ에 들어갈 말로 알맞은 것을 골라 보세요.

① 결국　　② 다행히　　③ 일부러

(4) 이태석 신부가 사람들에게 계속 기억되는 이유는 무엇인지 써 보세요.

---

## 4 어려운 이웃을 돕는 사람을 소개하는 글을 쓰려고 해요.

(1) 여러분의 생각을 써 보세요.

| | |
|---|---|
| 그 사람은 누구입니까? | |
| 그 사람은 이웃들을 위해 어떤 활동을 했습니까? | |
| 그 사람에 대한 평가는 어떻습니까? | |

(2) (1)을 바탕으로 어려운 이웃을 돕는 사람을 소개하는 글을 써 보세요.

# 어휘와 표현 확인

의미를 아는 어휘나 표현에 ✓표 해 보세요.

## 1 위층에서 강아지가 계속 짖어 대요

- □ 대화로 풀다
- □ 싸움을 말리다
- □ 화해를 청하다
- □ 갈등이 생기다
- □ 불편을 호소하다
- □ 잘잘못을 가리다
- □ 층간 소음에 시달리다
- □ 서로의 입장을 이해하다
- □ 위층
- □ 깨다
- □ 울리다
- □ 음치
- □ 놀리다
- □ 두드리다
- □ 긁다
- □ 우기다
- □ 혼내다
- □ 조르다
- □ 비판하다
- □ 짖다
- □ 쿵쿵거리다
- □ 관리실

## 2 조금만 늦었으면 큰일 날 뻔했어요

- □ 제시간
- □ 겨우
- □ 지르다
- □ 태우다
- □ 데다
- □ 급식
- □ 나르다
- □ 응급조치하다
- □ 깨어나다
- □ 잃다
- □ 두리번거리다
- □ 하마터면
- □ 뿌듯하다

## 3 재능 기부야 누구든지 할 수 있어요

- □ 손을 내밀다
- □ 목숨을 구하다
- □ 자신을 희생하다
- □ 전 재산을 내놓다
- □ 재능을 기부하다
- □ 더불어 살다
- □ 생명
- □ 빼앗다
- □ 값지다
- □ 식욕이 당기다
- □ 이삿짐
- □ 음악회
- □ 벽화
- □ 신부
- □ 수단(Sudan)
- □ 슈바이처(Schweitzer)
- □ 의대
- □ 신학
- □ 아프리카
- □ 전쟁
- □ 남부
- □ 톤즈(Tonj)
- □ 교육
- □ 의료
- □ 고통받다
- □ 화합하다
- □ 암
- □ 투병하다
- □ 세상을 떠나다
- □ 완치되다

# 11 단원 고민과 후회

**소단원 1**
- 고민에 대한 어휘와 표현 익히기
- V-는 통에
  V-았/었더니
- 진로 고민에 대한 대화 듣기

**소단원 2**
- A/V-고도
- 대인 관계 고민에 대한 대화 듣고 쓰기
- 대인 관계를 원만하게 하기 위한 방법에 대해 읽고 말하기

**소단원 3**
- 후회에 대한 어휘와 표현 익히기
- V-(으)ㄹ걸
- 대회 결과에 대해 후회하기
- 후회하던 일을 극복한 나에게 쓴 편지글 읽고 쓰기

**다음 대화를 듣고 A, B, C 중에서 알맞은 사진을 찾아 써 보세요.**

1. (　　　　　)
2. (　　　　　)
3. (　　　　　)

47

# 1 빨리 알려 달라고 재촉하는 통에 서둘러 결정했어요

## 어휘와 표현 1

**1** 다음은 고민에 대한 표현이에요. 소리 내 읽어 보세요. 그리고 의미를 알아보세요.

(1)

결정을 망설여요

(2)

사이가 서먹해요

(3)

업무가 부담돼요

(4)

입장이 난처해요

(5)

한참 머뭇거려요

(6)

장래가 불투명해요

(7)

마음의 벽이 생겼어요

(8)

고민거리가 늘었어요

**2** 다음을 읽고 밑줄 친 것과 비슷한 의미를 (　　　)에서 골라 보세요.

(1) 대답하기 어려운 질문을 받으면 한참 머뭇거리면서 (깊은 생각에 빠졌어요, 오랫동안 대답을 못 했어요).

(2) 친구와 싸운 뒤에 함께 있으면 (어색하니까, 대화가 지루하니까) 계속 사이가 서먹하지 않도록 잘 풀어야 돼요.

(3) 친구들끼리 말다툼을 하면 중간에서 저는 입장이 난처해 (누구 편을 들어야 할지 곤란해요, 왜 이렇게 됐는지 안타까워요).

(4) 앞으로를 짐작하기 힘들고 (미래를 계획해서, 미래가 불확실해서) 장래가 불투명하다고 느낄 때 진로 선택이 어려워요.

(5) 대학원 진학 문제로 부모님과 갈등을 겪고 부모님과 마음의 벽이 생겨 예전처럼 (솔직하게 표현해요, 마음을 터놓지 못해요).

**3** **1**의 표현을 사용해서 친구와 이야기해 보세요.

(1) 여러분은 요즘 고민이 있어요? 어떤 고민을 하고 있어요?

(2) 여러분은 진로 때문에 고민한 적이 있어요? 그때 어떻게 했어요?

## 문법 1

**1** 다음 대화를 듣고 질문에 알맞은 답을 골라 보세요. 48

(1) 올리버는 주말에 왜 회사에 갔어요?

① 일이 남아서요.

② 옆집에서 공사해서요.

(2) 어제 영화 촬영이 왜 중단됐어요?

① 많은 사람들이 배우를 보러 와서요.

② 공항에서 영화 촬영을 못 하게 해서요.

**2** 부정적인 결과가 생기게 된 원인을 말할 때 어떻게 말해요? 다음 (1)과 (2)를 보세요. 그리고 대화를 듣고 따라 해 보세요. 49

A 우리 이제 카페 밖으로 나갈까요?

B 네. 그게 좋겠어요. 옆 사람이 계속 기침을 하는 통에 대화에 집중이 안 돼요.

A 그러게요. 전 옆자리에 있는 아이들 때문에도 나가는 게 좋겠어요.

B 맞아요. 아이들이 떠드는 통에 시끄러워서 엘렌 씨 목소리도 잘 안 들려요.

### V-는 통에

'-는 통에'는 동사와 함께 쓰여 부정적인 결과가 생기게 된 원인을 나타낸다.

예) 친구가 화를 내며 약속에 늦은 이유를 묻는 통에 당황해서 아무 말도 못 했어요.
아이가 크게 우는 통에 정신이 없어서 전화가 온 줄 몰랐어요.
가족들이 빨리 나가자고 재촉하는 통에 화장실의 전등 끄는 것을 잊어버렸어요.

**3** **2**의 (3)~(6)을 보고 '-는 통에'를 사용해 말해 보세요.

**4** 다음을 보고 '-는 통에'를 사용해 서로 묻고 답해 보세요. 그리고 새 대화도 만들어 보세요.

어제 강아지 산책시켰어?

응. 강아지가 산책 가자고 조르는 통에 세 번이나 산책했어.

(1)

어제 강아지 산책시켰어?

세 번이나 산책했다

(2)

미국에서 유학하더니 그만 두고 한국에 돌아왔어?

유학 생활을 그만뒀다

(3)

점심도 못 먹고 일했어?

쉬지 않고 일했다

(4)

비행기가 늦게 출발할 거래?

출발이 지연됐다

(5)

____________________

(6)

____________________

## 문법 2

**1** **다음을 읽어 보세요. 직접 경험한 것에 대한 반응이나 경험에 이어 새로 알게 된 사실을 나타내는 표현을 찾아 모두 밑줄을 그어 보세요. 그리고 사진에 맞는 표현도 찾아보세요.**

2월 15일 목요일

며칠 전 같이 살고 있는 위칭과 집안일 문제로 다퉜다. 내가 짜증을 냈더니 위칭도 화를 내서 말다툼을 했다. 그런데 생각해 보니까 위칭의 입장이 이해가 됐다. 한집에서 위칭과 서먹하게 지내고 싶지 않아서 내가 먼저 화해하자고 말을 했더니 위칭도 그러자고 했다. 마음을 터놓고 대화를 나누고 보니 그동안 내가 잘못한 점도 많았다는 것을 알게 됐다.

**2** **직접 경험한 것에 대한 반응이나 경험에 이어 새로 알게 된 사실을 말할 때 어떻게 말해요? 다음 대화를 듣고 따라 해 보세요.** 50

A 강아지에게 왜 물렸어요?
B 강아지가 신발을 물고 있어서 제가 신발을 빼앗았더니 갑자기 손을 물었어요.

A 드라마 안 봐? 주말에 항상 드라마를 봤잖아.
B 보고 싶은데 텔레비전을 켰더니 화면이 안 나와. 고장 난 것 같아.

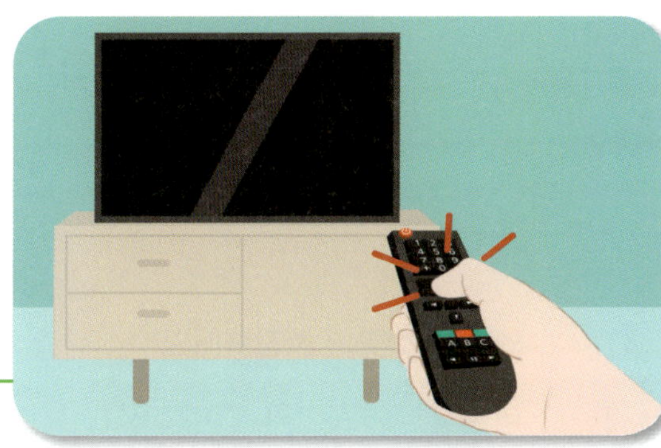

### V-았더니/었더니

'-았/었더니'는 동사와 함께 쓰여 과거에 자신이 직접 경험한 것에 대한 반응이나 경험에 이어 새로 알게 된 사실을 말할 때 사용되는데 이때 주어는 '나'이다. 주어가 '나'가 아닐 때는 과거에 자신이 직접 관찰한 사실에 이은 반응이나 관찰에 이어 새로 알게 된 사실을 말할 때 사용된다.

예) 제가 동생에게 공부하라고 잔소리를 했더니 동생이 방을 나가 버렸어요.
주말에 서점에 책을 사러 갔더니 서점 문이 닫혀 있었어요.
그 가수가 차에서 내렸더니 주위에 있던 사람들이 사진을 찍기 시작했어요.

**3** 다음 경험에 알맞은 것은 무엇이에요? '-았/었더니'를 사용해 말해 보세요.

| 내가 경험한 것 |
|---|
| (1) 북한산 정상까지 올라가다 |
| (2) 쇼타에게 숙제에 대해 묻다 |
| (3) 노트북을 서비스 센터에 맡기다 |
| (4) 아침 일찍 사무실에 전화를 걸다 |
| (5) 소셜 미디어에 여행 사진을 올리다 |
| (6) 고등학교 동창에게 오랜만에 연락하다 |

| 반응이나 새로 알게 된 것 | |
|---|---|
| 서울이 한눈에 보이다 | 친구가 아주 반가워하다 |
| 아무도 전화를 받지 않다 | 친구들이 거기가 어디냐고 묻다 |
| 쇼타가 친절하게 알려 주다 | 수리 기사가 고장 난 부품을 교체해 주다 |

A 북한산 정상까지 올라갔어요?

B 네. 정상까지 올라갔더니 서울이 한눈에 보이던데요.

**4** 다음을 보고 '-았/었더니'를 사용해 서로 묻고 답해 보세요. 그리고 새 대화도 만들어 보세요.

왜 아이가 울기 시작했어요?

아이가 식당에서 뛰어서 엄마가 혼냈더니 울기 시작했어요.

| | 질문 | 관찰한 사실 |
|---|---|---|
| (1) | 왜 아이가 울기 시작했어요? | 아이가 식당에서 뛰어서 엄마가 혼내다 |
| (2) | 어떻게 방에 모기가 들어왔어요? | 다샤가 더워서 창문을 열다 |
| (3) | 왜 조슈아의 얼굴이 빨개졌어요? | |
| (4) | 언제 학생들이 교실 밖으로 나왔어요? | |
| (5) | | |
| (6) | | |

## 듣기

**1** 다음은 사람들이 고민하고 있는 진로 계획이에요. 어떤 것을 고민하고 있어요?

**2** 다음은 브루나와 올리버의 대화예요. 잘 듣고 물음에 답해 보세요.

51

(1) 브루나에 대한 설명으로 맞지 않는 것을 골라 보세요.

① 다닌 지 6개월이 된 회사에 만족하지 못하고 있어요.
② 지금 당장 회사를 그만두고 대학원에 지원하려고 해요.
③ 대학원생인 친구와 대학원 생활에 대해 이야기한 적이 있어요.

(2) 들은 대화 내용으로 알맞은 것을 골라 보세요.

① 올리버는 처음엔 회사 생활이 힘들었지만 지금은 만족하고 있어요.
② 대학원에서는 깊이 공부하는 대신에 공부 양이 많아서 힘들어요.
③ 진로를 잘 선택하면 좋은 기회들을 동시에 잡을 수 있어요.

(3) 브루나가 취직하기 전에 충분히 고민 못 한 이유로 맞지 않는 것을 골라 보세요.

①

②

③

**3** 여러분은 앞으로 뭘 하려고 해요? 진로 선택이 고민될 때 어떻게 하는 게 좋아요? 친구와 이야기해 보세요.

# 2 상대가 옳다는 걸 알고도 그걸 인정하지 않아요

## 문법 3

**1** 다음을 읽고 색칠한 부분이 어떤 의미일지 추측해 보세요.

요즘 건강에 이상이 생긴 것 같다. 자고 일어나도 아침에 몸이 무겁고 피곤하다. 여덟 시간 이상 **자고도** 졸려서 일에 집중할 수 없을 때가 많다. 낮에도 수시로 눕고 싶고 자고 싶어진다. 이런 증상 때문에 걱정이 돼서 내일은 병원에 가 보려고 한다.

**2** 앞의 내용과 반대되거나 비슷한 다른 특성이 있음을 말할 때 어떻게 말해요? 다음 대화를 듣고 따라 해 보세요. 52

A 이 영화 재미있**고도** 감동적이네. 특히 두 주인공이 헤어지는 장면이 슬프지 않았어?
B 헤어졌다고? 마지막에 두 사람이 헤어진 거였어?
A 그래. 왜 영화를 다 보**고도** 헤어진 걸 몰랐어?
B 마지막 장면이 좀 애매해서 난 헤어지지 않았다고 생각했어.

### A/V-고도

'-고도'는 형용사, 동사, '이다'와 함께 쓰여 앞의 내용과 반대되거나 비슷한 다른 특성이 있음을 나타낸다.

예) 봄이 와서 꽃이 핀 거리 풍경이 화사하고도 아름다워요.
밥을 먹고도 배가 안 불러서 간식을 더 먹었어요.
언니와 나는 가족이고도 서로 공감하지 못하는 부분이 많아요.

## 3 다음을 보고 알맞은 것을 찾아 연결하고 '-고도'를 사용해 말해 보세요.

| | 사실 | 반대되는 특성 |
|---|---|---|
| 사람들이 왜 그 사람을 존경해요? | (1) 실패하다 | 절대 좌절하지 않았다 |
| | (2) 해결하기 어려운 일을 맡다 | 항상 겸손하게 행동하다 |
| | (3) 사회적으로 큰 성공을 거두다 | 불평 없이 일을 척척 해내다 |
| 사람들이 왜 그 사람을 싫어해요? | (4) 자신이 잘못을 하다 | 쉽게 약속을 깨다 |
| | (5) 만날 약속을 해 놓다 | 자기 생각만 내세우다 |
| | (6) 주변 사람들의 의견을 듣다 | 잘못에 대해 절대로 사과하지 않다 |

A 사람들이 왜 그 사람을 존경해요?

B 그 사람은 실패하고도 절대 좌절하지 않았거든요.

## 4 다음을 보고 '-고도'를 사용해 서로 묻고 답해 보세요. 그리고 새 대화도 만들어 보세요.

삼계탕은 맛이 어때요?

맛이 담백하고도 고소해요.

(1) 삼계탕은 맛이 어때요?

(2) 요즘 회사 생활은 어때요?

(3) 어제 본 축구 경기는 어땠어요?

(4) 그 전통 시장은 분위기가 어때요?

(5)

(6)

## 듣고 쓰기

**1** 다음을 보고 진영과 루이즈가 무엇에 대해 이야기하고 있는지 말해 보세요.

**2** 다음은 대인 관계에 대해 고민하는 대화예요. 잘 듣고 물음에 답해 보세요.

53

(1) 대화를 잘 들으세요. 들은 내용 중 중요한 것을 메모해 보세요.

(2) 다시 대화를 듣고 물음에 답해 보세요.

1) 루이즈는 왜 동아리 친구와 다퉜어요?

2) 루이즈는 무엇을 후회하고 있어요?

3) 루이즈가 진영이 조언한 대로 행동한 것과 알맞은 것을 골라 보세요.

① 

② 

③ 

(3) 한 번 더 들으세요. 들으면서 잘못 들었거나 새롭게 들은 내용을 (1)에 추가해 써 보세요.

## 3 3~4명씩 모여서 2의 내용을 바탕으로 글을 써 보세요.

(1) 2의 (1)을 서로 비교하면서 같은 것과 다른 것이 무엇인지 확인해 보세요.

(2) 2의 내용을 '-았/었더니'와 '-고도'를 사용해 6~7문장의 글로 완성해 보세요.

루이즈는 지난주에 댄스 동아리 친구와 다퉈서 그 후로 사이가 서먹해졌어요. ______________________

(3) (2)의 내용과 표현이 맞는지 173~174쪽의 듣기 지문과 비교해 보세요.

## 읽고 말하기

**1** 다음은 대인 관계를 원만하게 하기 위한 방법이에요. 어떤 방법이 있는지 다음을 보고 말해 보세요.

**2** 다음은 대인 관계를 원만하게 하기 위한 방법에 대해 쓴 글이에요. 글을 읽고 다음에 메모해 보세요.

사람들이 가정과 학교, 사회에서 경험하는 여러 대인 관계 문제는 보통 다른 사람을 존중하지 않고 자신만을 생각하는 것에서 생긴다. 그러므로 대인 관계를 원만하게 하기 위해서는 자기중심적 사고에서 벗어나야 한다. 자기중심적 사고에 빠지면 상대가 옳다는 것을 알고도 그것을 인정하지 않을 수 있기 때문이다.

상대를 이해하고 존중하기 위해서는 그 사람의 입장에서 생각해 봐야 한다. 그리고 상대가 틀렸다고 함부로 판단하지 말아야 한다. 예를 들면 상대가 다른 의견을 냈을 때 '생각 못 했는데 저렇게 생각할 수도 있겠다.', '내 생각이 전부 맞는 건 아니지.'처럼 생각해 봐야 한다. 또 상대에게 "그 의견도 좋은데요. 제 생각엔……."이라고 부드럽게 자신의 의견을 말하는 것이 좋다. 이렇게 상대의 입장에서 생각하고 서로 다름을 인정하면 두 사람 사이에 생긴 마음의 벽도 사라질 것이다. 그렇게 되면 그 사람과 신뢰가 쌓여 깊고도 원만한 관계를 맺게 될 것이다.

| | |
|---|---|
| 대인 관계를 원만하게 하기 위한 방법은 뭐예요? | |
| 그 방법을 구체적으로 어떻게 실천할 수 있어요? | |
| 그 방법은 어떤 효과가 있어요? | |

**3** 여러분은 대인 관계를 원만하게 하기 위한 방법을 알고 있어요? 대인 관계를 원만하게 하는 방법에 대해 메모하면서 이야기를 만들어 보세요.

대인 관계를 원만하게 하기 위한 방법은 뭐예요?

그 방법을 구체적으로 어떻게 실천할 수 있어요?

그 방법은 어떤 효과가 있어요?

**4** 3~4명씩 모이세요. **3**의 메모를 보고 다음과 같이 말해 보세요. 그리고 다른 친구들의 질문에 답해 보세요.

A 대인 관계를 원만하게 하기 위해서는 자기중심적 사고에서 벗어나야 해요. 자기중심적 사고에 빠지면 상대가 옳다는 것을 알고도 그것을 인정하지 않을 수 있기 때문이에요. …… 이렇게 상대의 입장에서 생각하고 서로 다름을 인정하면 그 사람과 신뢰가 쌓여 깊고도 원만한 관계를 맺게 될 거예요.

B 잘 들었어요. 그런데 자기중심적인 사고에서 벗어나기 위해서 그 사람의 입장에서 생각해 보는 것 말고 또 어떤 방법이 있을까요?

**5** 각 팀에서 제일 흥미 있는 이야기를 골라 발표해 보세요.

# 3 대회 준비를 더 철저히 할걸

## 어휘와 표현 2

**1** 다음은 후회에 대한 표현이에요. 듣고 따라 해 보세요. 그리고 의미를 알아보세요. 54

(1)

발표 준비를 많이 했는데 잘 못해서 **미련이 남아요.**

(2)

주위 사람들의 말을 전혀 안 듣고 **고집을 부렸어요.**

(3)

일이 벌어진 후에야 잘못한 것을 **뒤늦게 깨달았어요.**

(4)

사실대로 말하지 않은 게 **양심에 걸려요.**

(5)

할 수 있다면 그때로 **시간을 되돌리고 싶어요.**

(6)

익숙하지 않은 일을 해서 **실수를 저질렀어요.**

**2** 다음 대화를 듣고 **1**의 표현을 사용해 문장을 완성해 보세요. 55

(1) 새 프로젝트에 문제가 생긴 것은 올리버가 ________________ 탓이에요.

(2) 쇼타는 보고 싶던 가수의 공연 표가 매진된 것을 ________________.

(3) 루이즈는 지난 댄스 대회 결과에 ________________ 다시 대회에 지원할 거예요.

(4) 회사를 경영하는 선배는 대학교 때로 ________________ 수 있다면 경영학을 전공하고 싶어 해요.

(5) 두 사람이 보고 있는 뉴스에 나온 사람은 회사의 잘못을 알고도 숨긴 게 ________________ 사실대로 이야기하고 있어요.

**3** **1**의 표현을 사용해 친구와 이야기해 보세요.

(1) 여러분이 지금까지 한 일 중에 가장 후회가 되는 일은 뭐예요? 그때 어떤 생각을 했어요?

(2) 후회되는 일이 생겼을 때 사람들은 보통 어떻게 해요?

## 문법 4

**1** 올리버는 무엇을 후회하고 있어요? 다음 대화를 듣고 알맞은 것을 골라 보세요. 56

(1)

(2)

**2** 과거에 하지 않은 일에 대한 후회나 아쉬움을 나타낼 때 어떻게 말해요? 다음 대화를 듣고 따라 해 보세요. 57

A 유나야, 기분이 안 좋아 보이는데 무슨 일 있었어?

B 응. 아침에 동생이랑 말다툼을 했거든. 생각해 보니까 별일 아니었는데 그냥 참을걸.

A 마테오, 이번 주말부터 학교 앞 쇼핑몰에서 할인 행사를 한대.

B 정말? 지난 주말에 거기서 이 스웨터를 샀는데 바로 할인할 줄 몰랐네. 좀 더 기다렸다가 살걸.

### V-을걸/ㄹ걸(후회)

'-(으)ㄹ걸'은 동사와 함께 쓰여 과거에 하지 않은 일에 대한 후회나 아쉬움을 나타낼 때 사용한다. '-(으)ㄹ 걸 그랬다'로 쓰기도 한다.

예) A 어제 학교 앞 샌드위치 가게에서 할인 쿠폰을 나눠 줬어.
B 진짜? 어제 가서 받을걸.

A 아침을 안 먹고 와서 배고프지?
B 응. 간단하게 우유라도 마실걸.

A 이번 여행이 정말 재미있고 좋았어요.
B 정말요? 시간을 내서 저도 같이 갈 걸 그랬네요.

**3** 다음 상황에 알맞은 그림은 무엇이에요? '-(으)ㄹ걸'을 사용해 말해 보세요.

**상황**

(1) 주말 오후에 괜히 택시를 탔다

(2) 점심시간에 너무 늦게 식당에 왔다

(3) 아직 3월 초인데 옷을 너무 얇게 입었다

(4) 기분 전환하고 싶었는데 괜히 그 연극을 봤다

(5) 그 옷이 저렴해서 샀는데 괜히 온라인으로 샀다

(6) 그 식당이 유명해서 배달시켰는데 괜히 떡볶이를 시켰다

**후회되는 일**

지하철을 타다

식당에 빨리 오다

집에서 그냥 쉬다

김밥을 주문하다

가게에서 직접 보고 사다

두꺼운 점퍼를 입다

A 주말 오후에 괜히 택시를 탔나 봐.

B 응. 택시비가 너무 많이 나왔네. 지하철을 탈걸.

**4** 다음을 보고 '-(으)ㄹ걸'을 사용해 서로 묻고 답해 보세요. 그리고 새 대화도 만들어 보세요.

왜 어제 끓인 찌개가 하루 만에 다 상했어?

냉장고에 넣지 않았거든. 냉장고에 넣을걸.

| | 상황 | 이유 |
|---|---|---|
| (1) | 어제 끓인 찌개가 하루 만에 다 상했다 | 냉장고에 넣지 않았다 |
| (2) | 우산을 안 가져왔다 | 일기예보를 안 봤다 |
| (3) | 다리에 깁스를 했다 | |
| (4) | 오늘 회사에 지각했다 | |
| (5) | | |
| (6) | | |

# 말하기

대회에 참가했는데 대회에서 잘하지 못한 것에 대해 이야기하려고 해요. 대회 결과에 대한 속상함을 말하고 대회에서 침착하게 하지 못한 것을 후회하는 역할극을 해 보세요.

**1** 다음은 역할극의 상황이에요. 다음을 보고 어떤 상황인지 친구와 이야기해 보세요.

마테오는 외국인 한식 요리 대회에 나갔는데 좋은 성적을 거두지 못했어요. 엘렌은 마테오에게 대회에서 잘하지 못한 이유를 물어요. 마테오는 열심히 준비했지만 밥솥의 취사 버튼을 누르지 않는 실수를 저지르는 바람에 당황했음을 말해요. 그리고 대회 결과에 대해 속상함을 말하고 대회에서 침착하게 하지 못한 것이 후회됨을 말해요.

(1) 대회 결과에 대한 속상함을 말할 때와 대회에서 침착하게 하지 못한 것을 후회할 때 어떻게 말할까요? 이때 사용하는 표현을 써 보세요. 그리고 엘렌과 마테오가 되어 역할극을 해 보세요.

| 기능 | 표현 |
|---|---|
| 대회 결과에 대한 속상함 말하기 | |
| 대회에서 침착하게 하지 못한 것 후회하기 | |

엘렌: ① 마테오가 대회에서 한 실수에 당황했을 거 같다고 말하세요.

마테오: ① 대회 결과에 대한 속상함을 말하세요.

엘렌

엘렌: ② 대회 결과에 대해 속상해하는 마테오를 위로하세요.

마테오

마테오: ② 엘렌의 위로를 듣고 대회에서 침착하게 하지 못한 것을 후회하세요.

(2) (1)에서 만든 대화에 대해 말해 보세요.

여러분은 대회 결과에 대한 속상함을 어떻게 말했어요?

대회에서 침착하게 하지 못한 것을 후회할 때 어떻게 말했어요?

**2** **대회 결과에 대한 속상함을 말할 때와 대회에서 침착하게 하지 못한 것을 후회할 때 어떻게 말하는지 알아보세요.**

(1) 대회 결과에 대한 속상함을 말할 때 어떻게 말할까요?

**대회 결과에 대한 속상함 말하기**

A 그런 실수를 하다니 정말 당황했겠네.

B • 응. 열심히 준비하고도 망쳐 버려서 너무 속상해.
• 맞아. 준비를 열심히 했지만 결과가 안 좋아서 정말 속상해.
• 그러니까. 열심히 준비했는데 망쳐 버려서 진짜 기분이 안 좋아.

(2) 대회에서 침착하게 하지 못한 것을 후회할 때 어떻게 말할까요?

**대회에서 침착하게 하지 못한 것 후회하기**

A 너도 예상 못 한 일이니까 너무 속상해하지 말고 잊어버려.

B • 그래. 그런데 당황해서 침착하게 하지 못한 건 정말 후회가 돼.
• 알겠어. 그렇지만 당황하지 않고 침착하게 했더라면 좋았을 텐데…….
• 응. 그래도 당황하지 말고 침착하게 할걸 하는 생각이 들어 정말 아쉬워.

**3** 다음 대화를 들은 후 읽어 보세요. 그리고 대화 내용과 순서를 알아보세요. 58

**대회에서 잘하지 못한 것 말하기**

엘렌 마테오, 지난주에 외국인 한식 요리 대회에 나갔다면서? 유명한 대회라고 들었는데 잘했지?

마테오 아니. 망쳤어. 다른 참가자들이 정말 잘했어. 나도 대회 전에 열심히 준비했는데 성적이 안 좋아서 미련도 남고 후회도 좀 돼.

**대회에서 잘하지 못한 이유 묻고 말하기**

엘렌 대회에서 음식 만들 때 뭐가 잘 안 됐어?

마테오 대회에서 만들어야 하는 요리가 전에 만든 적이 있는 거라서 자신이 있었어. 그런데 요리 중에 밥솥의 취사 버튼 누르는 걸 잊어버린 거야. 그걸 안 순간부터 당황하기 시작했어.

**대회 결과에 대한 속상함 말하기**

엘렌 그런 실수를 하다니 정말 당황했겠네. 그래서 어떻게 했어?

마테오 버튼을 바로 누르기는 했는데 그때부터 계속 실수를 저질러서 결국 시간 내에 요리를 못 마쳤어. 열심히 준비하고도 망쳐 버려서 너무 속상해.

**대회에서 침착하게 하지 못한 것 후회하기**

엘렌 너도 예상 못 한 일이니까 속상해하지 말고 잊어버려. 다음 대회에서는 실력 발휘를 할 수 있을 거야.

마테오 응. 그래도 당황하지 말고 침착하게 할걸 하는 생각이 들어 정말 아쉬워.

**4** 다음 대화 상황과 역할을 읽고 **2**와 **3**에서 배운 것을 활용해 사람 1과 사람 2가 되어 역할극을 해 보세요.

사람 1

사람 2에게 케이팝 노래 대회에서 잘하지 못한 이유를 물어보세요. 그리고 대회에서 실수를 저질러서 아쉬워하는 사람 2를 위로하고 격려해 주세요.

사람 2

케이팝 노래 대회가 있어서 열심히 준비했지만 대회를 촬영하는 카메라를 본 순간 가사를 잊어버렸어요. 대회 결과에 대한 속상함을 말하고, 대회에서 침착하게 하지 못한 것을 후회하세요.

**5** 친구와 같이 만든 역할극을 발표해 보세요.

## 읽고 쓰기

**1** 어려움을 극복한 나에게 쓴 편지글이에요. 글을 읽고 확실하게 알게 된 내용은 아래 **2**의 표에 ✓표 해 보세요.

### 유학 결정을 후회하던 나에게

안나야, 네가 외국인 한국어 말하기 대회에서 1등을 하다니 정말 꿈만 같다. 내용도 훌륭했고 발음도 완벽했다는 심사 위원의 평가를 듣고 마음이 정말 뿌듯했어. 그 말을 들으면서 네가 처음 한국에 왔을 때부터 오늘까지의 한국 생활이 머릿속을 스쳐 지나갔어.

그동안 정말 고생 많았지? 너 6개월 전 생각나? "외국에서 혼자 살아 보면 생각보다 ( Ⓐ ) 힘들걸."이라고 말씀하시던 어머니의 우려에도 기대에 부풀어 유학을 왔잖아. 한국으로 오기 전에 너는 한국에서 겪게 될 어려움을 잘 극복하겠다고 각오했지. ( Ⓑ ) 유학을 왔더니 독일어와 완전히 다른 한국어는 배우기가 너무 힘들었고 모든 걸 혼자 결정하고 해결해야 하는 유학 생활은 외로웠지. 그래서 그때 부모님이 유학을 말리실 때 '고집을 부리지 말걸.' 하고 후회도 했었지. 그 시기에 고향에 있던 친구들이 즐겁게 지내는 모습을 보며 한국에 오지 않았더라면 평범하고 행복하게 지냈을 텐데 유학을 너무 쉽게 보고 결정한 게 아닌가 하는 생각도 ( Ⓒ ) 했었잖아. 하지만 너는 모든 어려움을 견디고 유학 생활을 잘 이어 갔어. 언어교육원에서 3급을 수료할 때는 우수한 성적을 거둬 상을 받기도 했지. 그때부터 너는 더 이상 네 선택에 대해 의심하지 않기로 마음먹었잖아. 그리고 더 열심히 공부했지.

안나야, 이 정도면 네가 잘해 온 것 같다. 만약 6개월 전으로 시간을 되돌릴 수 있다면 유학이 힘들어서 후회하던 너에게 네 결정이 옳으니까 지금 힘내면 훌륭하게 미래를 향해 나갈 수 있을 거라고 용기를 주고 싶어. 앞으로도 노력해서 유학 생활을 더 훌륭하게 마치자.

**2** 다음 질문 중 아직 확실하게 알지 못한 내용이 있으면 그 답을 찾으면서 다시 글을 읽으세요.

| 확인 질문 |
|---|
| □ 안나가 왜 지금이 꿈만 같다고 하는지 알아요? |
| □ 6개월 전에 안나가 한국에 온 후에 어떤 일이 있었는지 알아요? |
| □ 언어교육원에서 3급을 수료할 때 안나에게 어떤 일이 있었는지 알아요? |
| □ 안나가 6개월 전의 자신에게 해 주고 싶은 말이 무엇인지 알아요? |

**3** 다음 물음에 답해 보세요.

(1) Ⓐ~Ⓒ에 들어갈 말로 맞지 않는 것을 골라 보세요.

① Ⓐ 훨씬　　② Ⓑ 굳이　　③ Ⓒ 수없이

(2) 안나의 6개월 전 유학 생활에 대해 알맞은 것을 골라 보세요.

① 고향 친구들이 그리웠고 소식을 듣지 못해 아쉬웠다.
② 생활의 모든 걸 혼자 결정해야 해서 외롭고 힘들었다.
③ 한국어가 독일어와 다르지만 한국어 공부가 어렵지 않았다.

(3) 안나에 대한 설명으로 맞지 않는 것을 골라 보세요.

① 한국어 말하기 대회에서 좋은 성적을 거두었다.
② 6개월 전 자신에게 힘내라고 말해 주고 싶어 한다.
③ 유학 전에 기대에 부풀어 가족들과 함께 유학을 준비했다.

(4) 안나는 언제부터 자신의 선택을 의심하지 않게 됐는지 써 보세요.

---

**4** 힘들고 어려워서 결정한 것을 후회했었는데 그 일을 극복한 나에게 편지를 쓰려고 해요.

(1) 여러분의 생각을 써 보세요.

| | |
|---|---|
| 어떤 것을 후회했습니까?<br>그때 어떤 생각을 했습니까? | |
| 후회나 어려움을<br>극복하기 위해 어떤 노력을<br>했습니까? | |
| 후회나 어려움을 극복하고<br>어떤 결과를 얻었습니까? | |

(2) (1)을 바탕으로 후회하던 일을 극복한 나에게 편지글을 써 보세요.

**+ 더 알아보기**

**A/V-을걸/ㄹ걸(추측)**

'-(으)ㄹ걸'은 형용사, 동사, '이다'와 함께 쓰여 어떤 사실에 대한 추측의 뜻을 나타낸다. 주로 구어에서 사용한다.

예) 오늘 서울 날씨가 따뜻하니까 부산도 따뜻할걸.
잘 모르겠지만 미술관은 주말에 관람객이 많으니까 아마 주말에 문을 열걸요.
그 사람은 한국에서 유명한 의사일걸요.

# 어휘와 표현 확인

의미를 아는 어휘나 표현에 √표 해 보세요.

## 1 빨리 알려 달라고 재촉하는 통에 서둘러 결정했어요

- □ 결정을 망설이다
- □ 사이가 서먹하다
- □ 업무가 부담되다
- □ 입장이 난처하다
- □ 한참 머뭇거리다
- □ 장래가 불투명하다
- □ 마음의 벽이 생기다
- □ 고민거리가 늘다
- □ 재촉하다
- □ 끼리
- □ 편을 들다
- □ 짐작하다
- □ 불확실하다
- □ 터놓다
- □ 몰려들다
- □ 전화벨
- □ 환율
- □ 물다
- □ 한눈
- □ 반가워하다
- □ 사무실
- □ 동창
- □ 당장
- □ 답변
- □ 성급하다

## 2 상대가 옳다는 걸 알고도 그걸 인정하지 않아요

- □ 애매하다
- □ 좌절하다
- □ 척척
- □ 해내다
- □ 약속을 깨다
- □ 내세우다
- □ 담백하다
- □ 넘어가다
- □ 직접적
- □ 부딪치다
- □ 예민하다
- □ 받아들이다
- □ (말을) 돌리다
- □ 자기중심적 사고
- □ 벗어나다
- □ 옳다
- □ 존중하다
- □ 의견을 내다
- □ 신뢰
- □ 원만하다
- □ 관계를 맺다

## 3 대회 준비를 더 철저히 할걸

- □ 미련이 남다
- □ 고집을 부리다
- □ 뒤늦게 깨닫다
- □ 양심에 걸리다
- □ 시간을 되돌리다
- □ 실수를 저지르다
- □ 프로젝트
- □ 경영학
- □ 식품
- □ 괜히
- □ (3월) 초
- □ 깁스
- □ (성적을) 거두다
- □ 침착하다
- □ 자신이 있다
- □ 취사
- □ 참가자
- □ (시간) 내
- □ 평가
- □ 스치다
- □ 우려
- □ 부풀다
- □ 각오하다
- □ 독일어
- □ 견디다
- □ 수료하다
- □ 수없이

# 12 단원 환경과 기후 변화

**소단원 1**
- 환경 오염에 대한 어휘와 표현 익히기
- N(으)로 인해
  A/V-더라
- 날씨와 기후 변화에 대한 대화 듣기

**소단원 2**
- N마저
- 환경 보호에 대한 공익 광고 듣고 쓰기
- 멸종 위기 동물에 대해 읽고 말하기

**소단원 3**
- 환경 보호 활동에 대한 어휘와 표현 익히기
- A/V-기는요
- 환경 문제 해결을 위한 실천 경험 말하기
- 재활용품에 대한 인식 조사 결과에 대한 글 읽고 쓰기

A

B

C

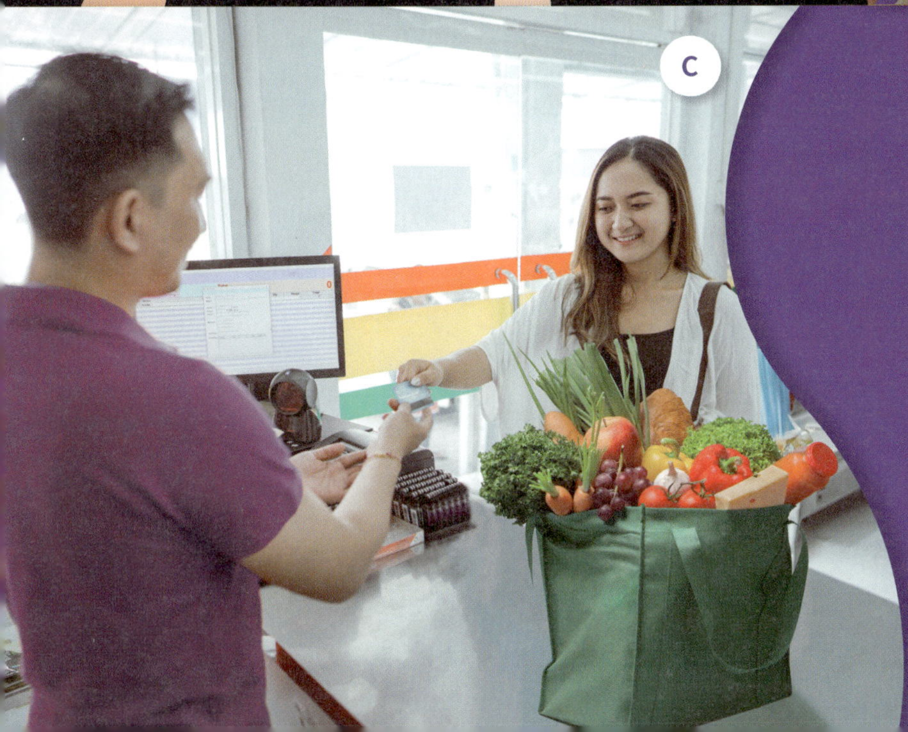

**다음 대화를 듣고 A, B, C 중에서 알맞은 사진을 찾아 써 보세요.**

1. (            )
2. (            )
3. (            )

59

# 1 환경 오염으로 인해 기후 변화가 생겼어요

## 어휘와 표현 1

**1** 다음은 환경 오염에 대한 표현이에요. 소리 내 읽어 보세요. 그리고 의미를 알아보세요.

우리의
지구를
살립시다!

지구가 환경 오염으로 몸살을 앓고 있습니다.
우리가 버린 쓰레기 때문에 (1) **지구 온난화**가 빨라지고
동물과 식물의 살 곳이 파괴되어 (2) **동식물이 멸종되고** 있습니다.
이제는 멈춰야 할 때입니다.

(3) **대기 오염**

(6) **매연이 배출돼요**

(4) **토양 오염**

(7) **플라스틱을 땅에 묻어요**

(5) **수질 오염**

(8) **생활 하수를 버려요**

**2** 다음을 읽고 밑줄 친 것과 비슷한 의미를 (          )에서 골라 보세요.

(1) 지구 온난화로 매년 (지구가 건조해져서, 지구의 기온이 올라서) 문제예요.

(2) 토양 오염으로 (땅이 더럽게 돼서, 땅이 흔들려서) 나무가 자랄 수 없게 되면 큰일이에요.

(3) 환경 오염 때문에 (동물과 식물이 사라져, 동물과 식물을 키워) 동식물이 멸종될까 봐 걱정이에요.

(4) (지구의 공기가 적어지는, 우리를 둘러싼 공기가 더러워지는) 대기 오염이 점점 심각해지고 있어요.

(5) 자동차에서 매연이 배출되고 공장에서 (검은 연기가 나와서, 쓰레기가 쏟아져서) 공기가 안 좋아졌어요.

**3** **1**의 표현을 사용해 친구와 이야기해 보세요.

(1) 환경 오염 문제 중에서 가장 시급하다고 생각되는 것은 뭐예요? 왜 그렇게 생각해요?

(2) 환경 문제를 해결하기 위해서 우리는 어떻게 해야 할까요?

## 문법 1

**1** 다음을 읽어 보세요. 원인이나 이유를 나타내는 표현을 찾아 모두 밑줄을 그어 보세요. 그리고 사진에 맞는 표현도 찾아보세요.

사람들의 무관심한 행동 때문에 바다가 병들고 있다. 육지에서 온 플라스틱 쓰레기로 인해 바다에 사는 거북이와 돌고래 같은 해양 동물들이 고통을 받고 있다. 게다가 지구 온난화로 인해 바닷물 온도가 높아져서 바닷속 생물들이 살 곳을 잃어 가고 있다.

**2** 어떤 상황에 대한 원인이나 이유임을 말할 때 어떻게 말해요? 다음 대화를 듣고 따라 해 보세요. 60

A 박사님, 미래에는 로봇이 우리에게 어떤 도움을 줄 것으로 전망하십니까?

B 과학 기술의 발전으로 인해 로봇이 몸이 불편한 사람들을 돕거나 힘든 집안일을 대신 하는 게 가능할 것으로 보입니다.

A 김 기자, 어젯밤부터 강원도 지역에 많은 눈이 내리고 있는데요. 현재 상황은 어떻습니까?

B 어제부터 계속된 폭설로 인해 눈길 사고가 잇따르고 있습니다. 지금까지 강원도에서 접수된 교통사고만 20건이 넘습니다.

### N으로 인해/로 인해

'(으)로 인해'는 명사와 함께 쓰여 앞의 내용이 뒤의 상황에 대한 원인이나 이유가 됨을 나타낸다. '인해'를 생략하고 '(으)로'만 사용하기도 하며 명사가 뒤에 올 경우에는 '(으)로 인한 N'의 형태로 쓰인다.

예) 등산객의 부주의로 인해 북한산에 산불이 발생했다고 합니다.
잘못된 생활 습관으로 인해 병에 걸리는 사람들이 늘고 있어요.
폭설로 인해 전국적으로 배송이 지연되고 있다.
서울시에서는 음주 운전으로 인한 사고를 줄이기 위해 최선을 다하겠다고 밝혔습니다.

## 3 학생 A와 B가 되어 '(으)로 인해'를 사용해 말해 보세요. 그리고 친구의 대답을 듣고 √표 해 보세요.

**학생 A**

학생 B p.155 >

질문하세요!

| 최근 일어난 일 | 원인 | |
|---|---|---|
| (1) 직장을 옮기는 사람들이 늘었다 | ☐ 업무 스트레스 | ☑ 대인 관계 문제 |
| (2) 오늘 아침 출근길이 마비됐다 | ☐ 지하철 시위 | ☐ 지하철 2호선 고장 |
| (3) 환경 오염이 가속화되고 있다 | ☐ 자동차 매연 | ☐ 플라스틱 쓰레기 |
| (4) 어제 고속도로에서 난 교통사고 피해가 커졌다 | ☐ 안개 | ☐ 폭우 |

대답하세요!

| 최근 일어난 일 | 원인 | |
|---|---|---|
| (5) 전기차 생산량이 급증했다 | ☐ 정부 지원 확대 | ☑ 국제 석유 가격 인상 |
| (6) 병원을 찾는 사람들이 많아졌다 | ☐ 눈병 | ☑ 독감 |
| (7) 시청 앞 도로가 통제될 예정이다 | ☑ 행사 | ☐ 드라마 촬영 |
| (8) 청년들의 우울증 문제가 심각하다 | ☑ 취업난 | ☐ 불경기 |

A 업무 스트레스로 인해 직장을 옮기는 사람들이 늘었다고 하던데요. 맞아요?

B 아니요. 대인 관계 문제로 인해 직장을 옮기는 사람들이 늘었대요.

## 4 다음을 보고 '(으)로 인해'를 사용해 서로 묻고 답해 보세요. 그리고 새로운 대화도 만들어 보세요.

인기 연예인 부부가 결국 헤어졌어요?

네. 성격 차이로 인해 헤어졌대요.

(1) 인기 연예인 부부가 결국 헤어졌어요?

(2) 이강은 선수가 이번 경기엔 안 나와요?

(3) 요즘 캠핑을 즐기는 사람들이 늘었어요?

(4) 오늘 드라마 '학교' 마지막 회 방송을 안 해요?

(5)

(6)

## 문법 2

**1** 다음 대화를 듣고 질문에 알맞은 답을 골라 보세요. 61

(1) 올리버는 일본 팀이 야구를 잘하는지 어떻게 알았어요?

① 올리버가 야구 경기를 직접 보고 알았어요.
② 올리버가 친구에게서 야구 경기 결과를 듣고 알게 됐어요.

(2) 유나가 옷을 사지 않은 이유는 뭐예요?

① 입어 봤는데 가격이 비싸서요.
② 비싸지만 곧 할인할 것 같아서요.

**2** 과거에 직접 경험하여 새롭게 알게 된 사실을 전달할 때 어떻게 말해요? 다음 대화를 듣고 따라 해 보세요. 62

A 진차오, 어제 한강 공원에 잘 다녀왔어?
B 응. 날씨가 좋아서인지 어제 공원에 놀러 나온 사람들이 정말 많더라.

A 루이즈, 올리버가 노래 부르는 거 들은 적 있어?
B 응. 같이 노래방에 간 적이 있는데 노래를 정말 잘 부르더라.

### A/V-더라

'-더라'는 형용사, 동사, '이다'와 함께 쓰여 말하는 사람이 과거에 직접 경험하여 새롭게 알게 된 사실을 지금 상대방에게 말하면서 그 사실에 주목함을 나타낸다. 아랫사람이나 친한 사이에 사용하며 주로 구어에서 사용된다.

예) 학교에 오는 길에 보니까 꽃이 정말 많이 피었더라.
드라마에서 본 삼겹살을 직접 먹어 봤는데 정말 맛있더라.
어제 친구가 소개해 준 사람을 만났는데 알고 보니 예전에 나랑 같이 수업을 들은 사람이더라.

## 3 다음을 보고 '-더라'를 사용해 말해 보세요.

(1)

(2)

(3)

(4)

(5)

(6)

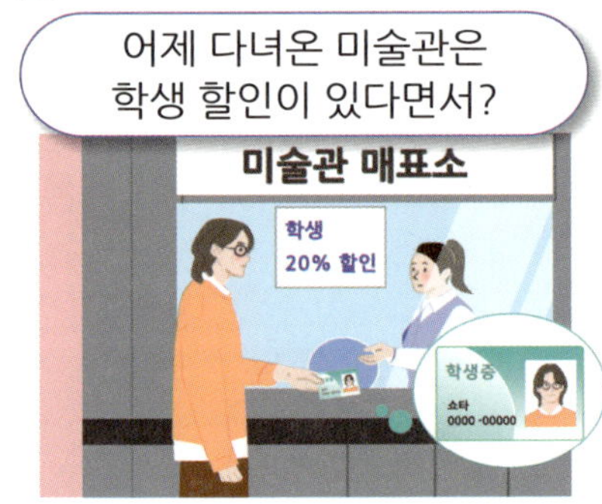


A 한국에서 케이티엑스(KTX) 타 봤어?

B 응. 정말 빠르더라.

## 4 다음을 보고 '-더라'를 사용해 서로 이야기해 보세요. 그리고 새 대화도 만들어 보세요.

| | 상황 | 대답 |
|---|---|---|
| (1) | 이번에 새로 개봉한 영화 진짜 재미있다 | 재미있고 내용도 새롭다 |
| (2) | 놀이공원을 평일 저녁에 가니까 가격이 할인되다 | 가격도 할인되고 사람도 없어서 좋다 |
| (3) | 남산에서 보니까 서울 경치가 다 보이다 | |
| (4) | 지난주에 배우 박연수를 봤는데 진짜 멋지다 | |
| (5) | | |
| (6) | | |

## 듣기

**1** 다음은 기후 변화에 대한 소식이에요. 기후 변화로 무슨 일이 일어났어요?

**2** 다음은 조슈아와 유나의 대화예요. 잘 듣고 물음에 답해 보세요. 63

(1) 들은 내용으로 알맞은 것을 골라 보세요.

① 제주도에 지난주까지 폭설이 내리고 이번 주부터 기온이 올랐어요.
② 강원도는 작년에는 비가 많이 왔지만 요즘은 봄 날씨처럼 따뜻해요.
③ 중국 상하이의 1월 기온이 영하 6도로 떨어진 건 40년 만이에요.

(2) 조슈아가 이야기한 미국의 이상 기후 현상으로 맞지 않는 것을 골라 보세요.

①

②

③

(3) 두 사람에 대한 내용으로 맞지 않는 것을 골라 보세요.

① 유나는 제주도의 날씨를 듣고 놀라고 있어요.
② 조슈아는 날씨가 이상해진 원인을 추측하고 있어요.
③ 유나는 봄이 일찍 온 것을 반가워하고 있어요.

**3** 여러분 나라에서는 기후 변화로 어떤 현상들이 일어나고 있어요? 어떤 문제가 가장 심각하다고 생각해요? 친구와 이야기해 보세요.

# 2 숨 쉬는 것마저 힘들어질 수 있어요

## 문법 3

**1** 상우가 최근 들은 소식은 무엇이에요? 다음 대화를 듣고 알맞은 것을 골라 보세요. 64

(1)

(2)

**2** 현재 상황에서 마지막으로 남은 하나를 더해서 말할 때 어떻게 말해요? 다음 대화를 듣고 따라 해 보세요. 65

A 요즘 중소기업은 물론이고 대기업마저 적자래요.

B 불경기가 정말 심각하네요. 게다가 물가는 계속 오르니 정말 큰일이에요.

A 맞아요. 어제 정부 발표를 보니까 다음 달부터 교통비마저 오를 예정이라고 하던데 정말 걱정이네요.

### N마저

'마저'는 명사와 함께 쓰여 현재 상태나 정도에서 하나 남은 마지막을 그 위에 더함을 나타낸다.

예) 수민이네는 아버지 사업이 안 좋아져서 살던 집마저 팔고 이사 갔대요.
지난 학기 친구들이 거의 다 고향으로 돌아갔는데 어제 한 명 남은 친구마저 귀국한다고 하네요.
그 드라마는 배우들이 연기도 못하고 내용마저 지루해서 시청률이 형편없었어요.

**3** 이 남자는 어떤 상황이에요? 다음을 보고 '마저'를 사용해 말해 보세요.

A 이 사람한테 타고 나갈 배는 있어요?

B 배가 세 척이 있었는데 두 척이 부서지고 하나 남은 배마저 구멍이 나 버렸어요.

**4** 다음을 보고 '마저'를 사용해 서로 묻고 답해 보세요. 그리고 새 대화도 만들어 보세요.

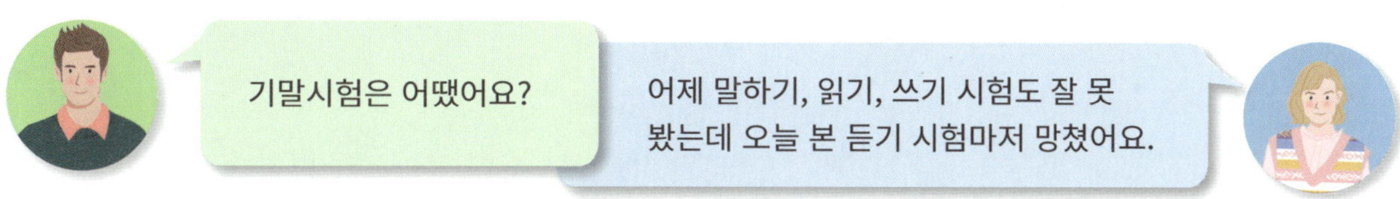


| | 질문 | 대답 | |
|---|---|---|---|
| (1) | 기말시험 | 어제 말하기, 읽기, 쓰기 시험도 잘 못 봤다 | 오늘 본 듣기 시험도 망쳤다 |
| (2) | 방학 때 다녀온 여행 | 사람이 많고 숙소도 안 좋았다 | 비도 쏟아져서 힘들었다 |
| (3) | 인터넷에서 산 옷 | 색도 화면에서 본 것과 다르고 디자인도 별로였다 | |
| (4) | 새로 문을 연 식당 | 맛도 없고 양도 적었다 | |
| (5) | | | |
| (6) | | | |

## 듣고 쓰기

**1** 다음을 보고 배우 박연수가 무엇에 대해 이야기하고 있는지 말해 보세요.

**2** 다음은 환경 보호에 대한 공익 광고예요. 잘 듣고 물음에 답해 보세요.

66

(1) 광고를 잘 들으세요. 들은 내용 중 중요한 것을 메모해 보세요.

(2) 다시 듣고 물음에 답해 보세요.

1) 자동차에서 매연이 지금과 같은 추세로 계속 배출된다면 어떤 문제가 생길 수 있어요?

2) '세계 차 없는 날'은 왜 만들어졌어요?

3) 이 행사의 목적에 맞지 않는 행동을 한 사람을 골라 보세요.

① 

② 

③ 

(3) 한 번 더 들으세요. 들으면서 잘못 들었거나 새롭게 들은 내용을 (1)에 추가해 써 보세요.

**3** 3~4명씩 모여서 **2**의 내용을 바탕으로 글을 써 보세요.

(1) **2**의 (1)을 서로 비교하면서 같은 것과 다른 것이 무엇인지 확인해 보세요.

(2) **2**의 내용을 '(으)로 인해'와 '마저'를 사용해 6~7문장의 글로 완성해 보세요.

환경 보호에 대한 공익 광고예요. ____________________

(3) (2)의 내용과 표현이 맞는지 178쪽의 듣기 지문과 비교해 보세요.

**+ 더 알아보기**

**A/V-을지도 모르다/ㄹ지도 모르다**

'-(으)ㄹ지도 모르다'는 형용사, 동사, '이다'와 함께 쓰여 확신이 매우 낮은 사실에 대해 추측할 때 사용된다.

예) 올겨울은 작년보다 더 추울지도 몰라요.
기후 변화로 50년 후에는 가을이 사라질지도 모릅니다.
이번에는 그 사람의 말이 사실일지도 몰라.

## 읽고 말하기

**1** 다음은 멸종 위기에 처한 북극곰이에요. 어떤 문제가 생겼는지 다음을 보고 말해 보세요.

**2** 다음은 쇼타가 멸종 위기 동물에 대해 블로그에 쓴 글이에요. 글을 읽고 다음에 메모해 보세요.

### 북극의 빙하와 함께 북극곰이 사라지고 있다

나는 얼마 전에 친구에게서 "북극곰이 기후 변화로 멸종될 위기라고 하더라."라는 말을 듣고 북극곰이 처한 문제에 대해 관심을 갖게 됐다.

북극곰은 북극의 빙하 위에서 주로 먹고 자며 바다표범이나 물고기를 사냥하면서 살아간다. 그런데 지구 온난화로 인해 빙하가 녹고 얼음이 어는 시간이 줄어들면서 북극곰은 살 곳도 잃고 사냥도 힘들어져 멸종 위기에 처하게 되었다. 북극에 지금 남아 있는 빙하마저 다 녹아 버리게 되면 결국 북극곰을 볼 수 없게 될 것이다.

북극곰의 멸종을 막기 위한 일은 생각보다 가까운 곳에 있다. 바로 북극의 빙하가 녹는 속도를 늦추는 것이다. 실내 온도를 여름에는 26°C 이상, 겨울에는 20°C 이하로 유지하고 안 쓰는 전자 제품의 플러그는 뽑아 둬야 한다. 이렇게 하면 북극곰을 살릴 수 있다.

| | |
|---|---|
| 멸종 위기 동물 | 북극곰이다. |
| 멸종 위기에 처한 이유 | |
| 우리가 할 수 있는 일 | |

**3** 다음은 멸종 위기에 처한 동물이에요. 하나를 골라 메모하면서 이야기를 만들어 보세요.

**이화일보**

[환경] **플라스틱 쓰레기를 먹이로 착각! 바다 거북의 죽음을 부르는 식사**

**이화일보**

[환경] **'내 집이 어디 갔지?' 오랑우탄, 숲이 파괴되어 하루아침에 집 잃어**

| | |
|---|---|
| 멸종 위기 동물 | |
| 멸종 위기에 처한 이유 | |
| 우리가 할 수 있는 일 | |

**4** 2명씩 모이세요. **3**의 메모를 보고 다음과 같이 말해 보세요. 그리고 다른 친구들의 질문에 답해 보세요.

A 북극곰이 기후 변화로 멸종될 위기에 처해 있어요. 지구 온난화로 인해 지금 남아 있는 빙하마저 다 녹아 버리면 북극곰을 볼 수 없게 될 거예요. …… 이렇게 하면 북극의 얼음이 녹는 속도를 늦춰 북극곰을 살릴 수 있을 거예요.

B 잘 들었어요. 지구의 온도를 낮춰야 되는데 정말 큰일이네요. 그런데 쓰레기 문제도 북극곰의 멸종에 영향을 주고 있어요?

**5** 각 팀에서 제일 흥미 있는 이야기를 골라 발표해 보세요.

# 3 환경을 위한 일인데 대단하기는요

## 어휘와 표현 2

**1** 다음은 환경 보호 활동에 대한 표현이에요. 듣고 따라 해 보세요. 그리고 의미를 알아보세요. 67

(1)

포장 음식을 **개인 용기**에
**담아요.**

(2)

우리 생활에 필요한
**자원을 절약해요.**

(3)

환경 보호를 위해
**재활용품을 사용해요.**

(4)

종이와 플라스틱 **쓰레기를**
**분리해서 버려요.**

(5)

한 번 쓰고 버리는
**일회용품 사용을 자제해요.**

(6)

오염 물질을 배출하지 않는
**친환경 제품을 애용해요.**

**2** 다음 대화를 듣고 **1**의 표현을 사용해 문장을 완성해 보세요. 68

(1) 루이즈는 지금부터라도 ______________________ 생각해요.

(2) 올리버는 환경을 지키기 위해 ______________________ 있어요.

(3) 진영은 ______________________ 플라스틱 병에 붙은 비닐을 떼고 있어요.

(4) 쇼타는 가능하면 ______________________ 노력하고 있어요.

(5) 엘렌은 마트에서 새 비누를 사지 않고 사람들이 쓰고 버린 기름으로 만든 ______________________ 있어요.

**3** **1**의 표현을 사용해 친구와 이야기해 보세요.

(1) 여러분이 환경을 위해 하는 일은 뭐예요?

(2) 여러분 나라에서는 환경을 보호하기 위해 어떤 활동을 하고 있어요?

## 문법 4

**1** 다음을 읽고 색칠한 부분이 어떤 의미일지 추측해 보세요.

얼마 전에 본 한 테니스 선수의 인터뷰가 기억에 남는다. 이번 올림픽에서 금메달을 싼 선수에게 대단하다고 칭찬하는 기자의 말에 그 선수는 "대단하기는요. 최선을 다해서 매 순간 노력했을 뿐인데요. 저보다 뛰어난 선수들이 훨씬 많아요."라고 했다. 세계 무대에서 최고의 자리에 올랐지만 자신을 낮추는 겸손한 모습이 정말 인상적이었다.

**2** 상대의 말을 가볍게 부정할 때 어떻게 말해요? 다음 대화를 듣고 따라 해 보세요. 69

A 쇼타 씨, 지난번에도 모임이 있다고 하더니 오늘도 약속이 있어요? 쇼타 씨는 아는 사람이 정말 많은 거 같아요.

B 많기는요. 자주 연락하는 사람은 몇 안 돼요.

A 안나 씨 덕분에 경복궁 구경을 잘 했어요. 안나 씨는 한국 역사를 정말 잘 아는군요.

B 잘 알기는요. 아직도 모르는 게 너무 많아요.

### A/V-기는요

'A/V-기는요'는 형용사, 동사, '이다'와 함께 쓰여 상대방의 말을 가볍게 부정하거나 반박함을 나타낸다. 상대의 칭찬에 대해 겸손한 태도로 답할 때도 사용한다.

예) A 루이즈, 춤을 정말 잘 추네.
B 잘 추기는. 나보다 잘 추는 애들이 얼마나 많은데.

A 올리버 씨가 신입 사원이니까 일을 잘 못해도 너무 화내지 마세요.
B 신입 사원이기는요. 들어온 지 벌써 1년이 넘었어요.

A 마테오 씨, 이사 도와줘서 고마워요. 많이 힘들죠?
B 힘들기는요. 다른 친구들이랑 같이 하니까 오히려 재미있는데요.

**3** 다음 쇼타의 정보에 대해 알맞은 것은 무엇이에요? '-기는요'를 사용해 말해 보세요.

| 쇼타에 대한 정보 |
| --- |
| (1) 한국어 실력이 뛰어나다 |
| (2) 사교적이다 |
| (3) 동생이랑 친하다 |
| (4) 요리 실력이 좋다 |
| (5) 하는 일마다 잘되다 |
| (6) 항상 학교에 일찍 오다 |

| 대답 | |
| --- | --- |
| 한국어로 말할 때 아직 서투르다 | 싸울 때가 더 많다 |
| 어쩌다 한번 잘된 거다 | 요즘은 수업 시작 5분 전에 오다 |
| 사람들과 친해지려고 노력하는 거다 | 인터넷에 있는 요리법을 보고 그대로 만드는 거다 |

A 쇼타 씨, 쇼타 씨는 한국어 실력이 뛰어난 것 같아요.
B 뛰어나기는요. 한국어로 말할 때 아직 서툴러요.

**4** 다음을 보고 '-기는요'를 사용해 서로 묻고 답해 보세요. 그리고 새 대화도 만들어 보세요.

이 책 읽기 너무 어렵지 않아요?

어렵기는요. 저는 벌써 거의 다 읽었어요.

(1) 이 책 읽기 너무 어렵지 않아요?

(2) 클래식 음악은 지루하지 않아요?

(3) 바쁜 거 같은데 제가 방해한 거 아니에요?

(4) 11시 비행기인데 너무 일찍 출발한 거 아니에요?

(5)

(6)

## 말하기

환경 문제를 해결하기 위한 실천 경험을 이야기하려고 해요. 환경 문제의 원인과 심각성을 말하고 환경 보호 활동을 칭찬하는 역할극을 해 보세요.

**1** 다음은 역할극의 상황입니다. 다음을 보고 어떤 상황인지 친구와 이야기해 보세요.

쓰레기 때문에 생긴 환경 문제의 원인과 심각성을 이야기하는 위칭에게 쇼타도 최근에 들은 환경 문제를 이야기해요. 그리고 커피 찌꺼기를 재활용해 만든 연필을 사용한 경험을 위칭에게 이야기해요. 위칭은 환경 보호를 위해 직접 행동하는 쇼타를 칭찬하고 쇼타는 위칭의 칭찬에 겸손하게 답해요.

(1) 여러분은 환경 문제의 원인과 심각성을 말할 때와 상대의 칭찬에 겸손하게 답할 때 어떻게 말해요? 이때 사용하는 표현을 써 보세요. 그리고 위칭과 쇼타가 되어 역할극을 해 보세요.

| 기능 | 표현 |
|---|---|
| 환경 문제의 원인과 심각성 말하기 | |
| 상대의 칭찬에 겸손하게 답하기 | |

① 쇼타에게 환경 문제의 원인과 심각성을 말하세요.

위칭

① 위칭에게 최근에 들은 환경 문제를 말하세요.

② 환경 보호를 위해 직접 행동하는 쇼타를 칭찬하세요.

쇼타

② 자신의 행동을 칭찬하는 위칭의 말에 겸손하게 답하세요.

(2) (1)에서 만든 대화에 대해 말해 보세요.

여러분은 환경 문제의 원인과 심각성을 말할 때 어떻게 말했어요?

상대방의 칭찬에 겸손하게 답할 때 어떻게 말했어요?

## 2 환경 문제의 원인과 심각성을 말할 때와 상대의 칭찬에 겸손하게 답할 때 어떻게 말하는지 알아보세요.

(1) 환경 문제의 원인과 심각성을 말할 때 어떻게 표현할까요?

**환경 문제의 원인과 심각성 말하기**

A
- 버려진 쓰레기로 생기는 환경 오염 문제가 심각하대.
- 우리가 함부로 버린 쓰레기로 인해 생기는 환경 문제가 정말 심각하대.
- 사람들이 버린 쓰레기 때문에 환경이 심하게 오염되고 있대.

B 그래. 매년 버려지는 커피 찌꺼기만 수십만 톤이 넘는다고 하더라.

(2) 상대의 칭찬에 겸손하게 답할 때 어떻게 표현할까요?

**상대의 칭찬에 겸손하게 답하기**

A 난 환경 보호에 관심만 있었는데 넌 이렇게 직접 실천까지 하고 정말 대단하다.

B
- 아니야. 산이나 바다에 버려진 쓰레기를 치우려고 직접 가는 사람하고는 비교도 안 되는 일인데, 뭐.
- 뭘. 나는 내가 할 수 있는 일을 할 뿐이야. 산이나 바다에 직접 가서 쓰레기를 줍는 사람들이 대단하지.
- 대단하기는. 쓰레기를 치우려고 직접 산이나 바다로 가는 사람도 있는데 이 정도는 아무것도 아니지.

**3** 다음 대화를 들은 후 읽어 보세요. 그리고 대화 내용과 순서를 알아보세요.

70

| 대화 순서 | | 대화 |
|---|---|---|
| 환경 문제의 원인과 심각성 말하기 | 위칭 | 그 이야기 들었어? 우리가 함부로 버린 쓰레기로 인해 생기는 환경 문제가 정말 심각하대. |
| | 쇼타 | 그래. 매년 버려지는 커피 찌꺼기만 수십만 톤이 넘는다고 하더라. |
| | 위칭 | 플라스틱 쓰레기만 문젠 줄 알았는데 커피 찌꺼기도 그렇게 많이 버려진다고? 커피 마실 때 찌꺼기 문제는 한 번도 생각 못 했는데 진짜 반성해야겠네. |
| 환경 문제 해결을 위한 실천 경험 말하기 | 쇼타 | 그래서 난 요즘 가능하면 재활용품을 사. 이것 봐. 커피 찌꺼기를 재활용해서 만든 연필인데 보통 연필이랑 똑같지 않아? |
| | 위칭 | 정말이네. 나는 일회용품 사용을 자제하는 것만 방법인 줄 알았는데 이런 방법도 있구나. |
| 재활용품 활용의 장점 말하기 | 쇼타 | 응. 쓰레기를 처리하는 비용도 비용이지만 환경도 오염되잖아. 그런데 커피 찌꺼기를 재활용한 제품을 쓰면 쓰레기도 줄이고 자원도 절약할 수 있어. |
| 친구의 행동을 칭찬하고 그 칭찬에 겸손하게 답하기 | 위칭 | 그러네. 난 환경 보호에 관심만 있었는데 넌 이렇게 직접 실천까지 하고 정말 대단하다. |
| | 쇼타 | 대단하기는. 쓰레기를 치우려고 직접 산이나 바다로 가는 사람도 있는데 이 정도는 아무것도 아니지. |
| | 위칭 | 나도 이제부터는 새 제품 말고 재활용품도 사용해 봐야겠다. |

**4** 다음 대화 상황과 역할을 읽고 **2** 와 **3** 에서 배운 것을 활용해 사람 1과 사람 2가 되어 역할극을 해 보세요.

사람 1

사람 2에게 환경 문제의 원인과 심각성을 이야기하세요. 사람 2가 환경을 위해 하는 행동을 듣고 환경 보호를 위해 실천하는 사람 2의 행동을 칭찬하세요.

사람 1에게 최근에 들은 환경에 관련된 문제를 이야기하고 일상에서 자신이 실천하는 환경 보호 활동 경험과 그 활동의 장점을 이야기하세요. 그리고 친구의 칭찬에 겸손하게 답하세요.

사람 2

**5** 친구와 같이 만든 역할극을 발표해 보세요.

## 읽고 쓰기

**1** 다음은 재활용품에 대한 인식을 조사한 후 그 결과를 쓴 글이에요. 글을 읽으면서 2, 3의 중심 내용을 생각해 보세요.

### 재활용품에 대한 인식 조사

1 요즘 20대들은 환경을 위해 재활용품을 사용하는 것에 대해 어떻게 생각하고 있을까? '세계 환경의 날'을 맞아 재활용품에 대한 젊은 사람들의 인식을 알아보기 위해 20세~29세 남녀 100명을 대상으로 조사를 진행했다.

2 먼저 재활용품에 대한 관심을 물었다. 그 결과 '관심이 있다.' 73%, '관심이 없다.' 19%, '모르겠다.' 8% 순으로 답해 10명 중 7명 이상이 환경 문제에 관심이 높은 것으로 나타났다. 그러나 실제로 재활용품을 사용하는지 알아보기 위해 구매 경험을 물었는데 구매한 적이 없다는 사람이 82%인 데 반해 구매한 적이 있다는 사람은 18%로 매우 낮게 나타났다. 이어서 재활용품 구매를 망설이는 이유를 묻는 질문에 '주변에서 파는 곳을 찾기 어렵다.'라고 응답한 사람이 40.4%로 가장 많았고, '품질이 안 좋을 것 같다.' 32.8%, '깨끗하지 않을 것 같다.' 26.8% 순으로 나타났다. 조사 결과 재활용품에 대한 정보 부족과 부정적인 인식으로 인해 환경 보호에 대한 관심이 실천으로 이어지지 못하고 있음을 알 수 있었다.

재활용품 구매 경험

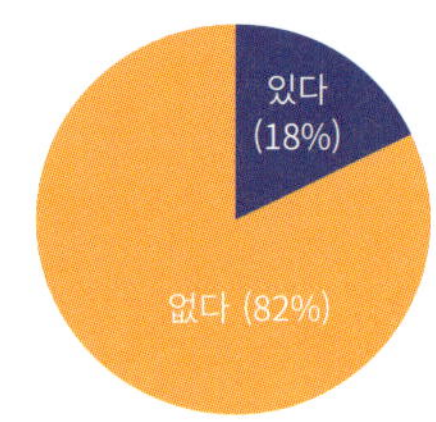


재활용품 구매를 망설이는 이유

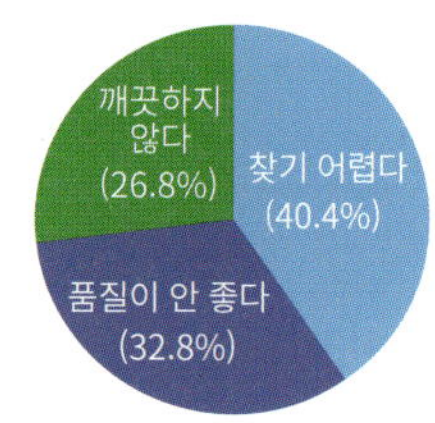


3 설문 조사 후 재활용품을 사용한 적이 있는 사람들을 대상으로 인터뷰를 진행했다. 환경 보호를 위한 적극적인 실천이 매우 훌륭하다는 조사자의 말에 이들은 대부분 "자원을 절약하기 위한 일인데 훌륭하기는요.", "남들이 안 한다고 저마저 환경에 무관심하면 안 되죠."라고 대답했다. 이번 조사를 통해 젊은 사람들은 환경 문제를 더 이상 정부와 기업만의 문제가 아닌 자신들의 문제로 인식하고 있음을 알 수 있었다.

**2** 위의 글을 다시 읽은 후에 2, 3의 중심 내용을 써 보세요.

| 단락 | 중심 내용 |
|---|---|
| 2 | |
| 3 | |

**3** 다음 물음에 답해 보세요.

(1) 조사 대상과 조사 목적이 무엇인지 1에서 찾아 써 보세요.

| | |
|---|---|
| 조사 대상 | |
| 조사 목적 | |

(2) 이 글에 대한 설명으로 맞지 않는 것을 골라 보세요.

① 조사 후 응답이 많은 순으로 정리했다. ② 조사한 후에 결과 내용을 분석했다.
③ 조사는 한 가지 방법으로 진행됐다.

(3) 설문 조사 결과로 알맞은 것을 골라 보세요.

① 재활용품에 관심이 있다는 응답이 반 이상이었다.
② 10명 중 8명은 재활용품을 구매한 경험이 있었다.
③ 품질 때문에 구매를 망설이는 응답자가 가장 많았다.

(4) 재활용품을 사용한 경험이 있는 사람들의 생각으로 알맞은 것을 골라 보세요.

① 환경에 대한 관심은 줄고 있지만 환경 보호 활동은 필요하다.
② 자원을 아끼기 위해 환경 보호 활동을 실천해야 한다.
③ 정부가 먼저 적극적으로 환경 보호 활동을 해야 한다.

**4** 환경에 대한 설문 조사 결과와 그 결과를 분석하는 글을 쓰려고 해요.

(1) 그래프를 보고 조사 결과를 써 보세요.

| 조사 목적은 무엇이고 대상은 누구입니까? | • 조사 목적: 친환경 제품에 대한 20대 인식 조사<br>• 조사 대상: 20세~29세 600명 | |
|---|---|---|
| 조사 결과는 어떻습니까? | | |
| 1. 환경을 위해 실천하는 것은 무엇입니까? | 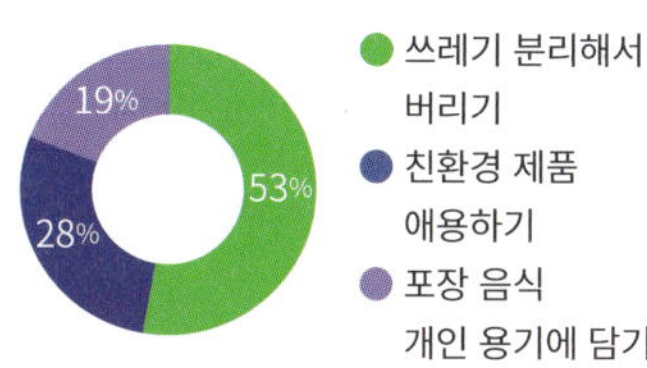 | |
| 2. 환경을 위해 친환경 제품을 사용해야 한다고 생각합니까? | 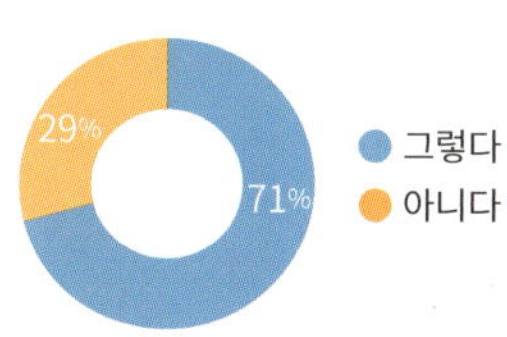 | |
| 3. 앞으로 주로 어떤 친환경 제품을 사용하고 싶습니까? | 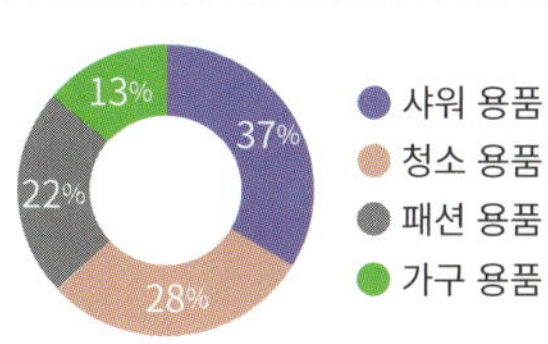 | |
| 조사 결과로 무엇을 알 수 있었습니까? | | |

(2) (1)을 바탕으로 환경에 대한 설문 조사 결과와 그 결과를 분석하는 글을 써 보세요.

# 어휘와 표현 확인

의미를 아는 어휘나 표현에 ✓표 해 보세요.

## 1 환경 오염으로 인해 기후 변화가 생겼어요

- ☐ 지구 온난화
- ☐ 동식물이 멸종되다
- ☐ 대기 오염
- ☐ 토양 오염
- ☐ 수질 오염
- ☐ 매연이 배출되다
- ☐ 플라스틱을 땅에 묻다
- ☐ 생활 하수를 버리다
- ☐ 앓다
- ☐ 파괴되다
- ☐ 공장
- ☐ 시급하다
- ☐ 병들다
- ☐ 육지
- ☐ 거북이
- ☐ 해양
- ☐ 바닷물
- ☐ 바닷속
- ☐ 생물
- ☐ 폭설
- ☐ 잇따르다
- ☐ 강원도
- ☐ 건
- ☐ 마비되다
- ☐ 시위
- ☐ 가속화되다
- ☐ 생산량
- ☐ 지원
- ☐ 석유
- ☐ 인상
- ☐ 통제되다
- ☐ 청년
- ☐ 우울증
- ☐ 취업난
- ☐ 불경기
- ☐ 마지막 회
- ☐ 벚꽃
- ☐ 난리
- ☐ 이상 기후 현상
- ☐ 사상
- ☐ 상하이
- ☐ 캘리포니아
- ☐ 위기

## 2 숨 쉬는 것마저 힘들어질 수 있어요

- ☐ 적자
- ☐ 식량
- ☐ 척
- ☐ 통조림
- ☐ 추세
- ☐ 공익 광고
- ☐ 교통 체증
- ☐ 자가용
- ☐ 심다
- ☐ 외면하다
- ☐ 단 하루
- ☐ (위기에) 처하다
- ☐ 바다표범
- ☐ 북극
- ☐ 빙하
- ☐ 줄어들다
- ☐ 이하
- ☐ 먹이
- ☐ 오랑우탄
- ☐ 하루아침

## 3 환경을 위한 일인데 대단하기는요

- ☐ 개인 용기에 담다
- ☐ 자원을 절약하다
- ☐ 재활용품을 사용하다
- ☐ 쓰레기를 분리해서 버리다
- ☐ 일회용품 사용을 자제하다
- ☐ 친환경 제품을 애용하다
- ☐ 천연가스
- ☐ 찌꺼기
- ☐ 수십만
- ☐ 톤
- ☐ 치우다
- ☐ 순
- ☐ 반하다
- ☐ 조사자
- ☐ 분석하다

# 부록

## Appendix

## 7단원 | 건강한 생활

**3** 학생 A와 B가 되어 다음 행동의 목적을 '-고자'를 사용해 말해 보세요. 그리고 친구의 대답을 듣고 ✓표 해 보세요.

학생 B

학생 A p.34 >

질문하세요!

| 행동 | 목적 | |
|---|---|---|
| (5) 여행을 자주 가다 | ☐ 지식을 넓히다 | ☐ 여행안내 책을 쓰다 |
| (6) 한국어를 공부하다 | ☐ 한국 대학교에 진학하다 | ☐ 한국 회사에 취직하다 |
| (7) 갑자기 도서관에 왔다 | ☐ 도서관 시설을 둘러보다 | ☐ 학생들을 응원하다 |
| (8) 사장님께 이메일을 썼다 | ☐ 감사한 마음을 표현하다 | ☐ 회사 생활의 어려움을 말씀드리다 |

대답하세요!

| 행동 | 목적 | |
|---|---|---|
| (1) 영화관을 방문했다 | ☐ 영화제 행사에 참석하다 | ☑ 이번에 개봉한 영화를 홍보하다 |
| (2) 기부 행사를 했다 | ☑ 혼자 사는 노인들을 돕다 | ☐ 유니세프(UNICEF)에 기부하다 |
| (3) 마라톤 대회에 참가했다 | ☑ 체력을 단련하다 | ☐ 제 자신의 한계에 도전하다 |
| (4) 라이브 방송을 많이 하다 | ☐ 채팅으로 팬들과 더 많이 소통하다 | ☑ 시청자에게 친근하고 편안한 모습을 보여 주다 |

A 영화관을 방문한 목적이 어떻게 되십니까?

B 이번에 개봉한 영화를 홍보하고자 영화관을 방문했습니다.

## 9단원 | 언어와 생활

**3** 학생 A와 B가 되어 '-아/어 두다'를 사용해 말해 보세요. 그리고 친구의 대답을 듣고 준비한 것에 ○, 아직 준비하지 않은 것에 ×를 써 보세요.

학생 B

질문하세요!

[여행 준비] 여행 가는 날짜: 다음 주 월요일

| | |
|---|---|
| (5) 숙소를 예약했다 | |
| (6) 짐을 쌌다 | |
| (7) 여행지 정보를 찾았다 | |
| (8) 여행 계획을 세웠다 | |

학생 A p.68 >

대답하세요!

[회의 준비] 회의 시간: 내일 2시

(1) 어제 회의실을 빌렸다
(2) 지난주에 발표자를 정했다
(3) 오늘 퇴근 전까지 발표 자료를 만들 것이다
(4) 오늘 오전에 음료수를 샀다

A 내일 2시에 회의를 하는데 회의실을 빌려 뒀어요?
B 네. 어제 회의실을 빌려 뒀어요.

**3** 학생 A와 B가 되어 '-(으)ㄹ 뻔하다'를 사용해 말해 보세요. 그리고 친구의 대답을 듣고 √표 해 보세요.

학생 B

학생 A p.93 >

**질문하세요!**

| 상황 | 대답 | |
|---|---|---|
| (5) 유나가 산책하다 | □ 강아지를 잃어버리다 | □ 급한 연락을 못 받다 |
| (6) 쇼타가 수업을 듣다 | □ 너무 피곤해서 졸다 | □ 떠들어서 선생님께 혼나다 |
| (7) 엘렌이 고기를 굽다 | □ 불을 내다 | □ 고기를 태우다 |
| (8) 진차오가 찌개를 옮기다 | □ 냄비를 떨어뜨리다 | □ 뜨거워서 손을 데다 |

**대답하세요!**

| 상황 | 대답 | |
|---|---|---|
| (1) 올리버가 자전거를 타다 | ☑ 아이와 부딪히다 | □ 다른 자전거와 충돌하다 |
| (2) 위칭이 길을 걷다 | □ 눈길에 미끄러지다 | ☑ 누가 던진 공에 맞다 |
| (3) 조슈아가 설거지하다 | ☑ 그릇을 깨다 | □ 손을 다치다 |
| (4) 루이즈가 영화를 보다 | ☑ 내용이 슬퍼서 울다 | □ 영화가 무서워서 소리를 지르다 |

A 올리버 씨, 자전거를 타다가 무슨 일이 있었어요?

B 아이와 부딪힐 뻔했어요.

## 12단원 | 환경과 기후 변화

**3** 학생 A와 B가 되어 '(으)로 인해'를 사용해 말해 보세요. 그리고 친구의 대답을 듣고 ✓표 해 보세요.

학생 B

학생 A p.132 >

질문하세요!

| 최근 일어난 일 | 원인 | |
|---|---|---|
| (5) 전기차 생산량이 급증했다 | ☐ 정부 지원 확대 | ☐ 국제 석유 가격 인상 |
| (6) 병원을 찾는 사람들이 많아졌다 | ☐ 눈병 | ☐ 독감 |
| (7) 시청 앞 도로가 통제될 예정이다 | ☐ 행사 | ☐ 드라마 촬영 |
| (8) 청년들의 우울증 문제가 심각하다 | ☐ 취업난 | ☐ 불경기 |

대답하세요!

| 최근 일어난 일 | 원인 | |
|---|---|---|
| (1) 직장을 옮기는 사람들이 늘었다 | ☐ 업무 스트레스 | ☑ 대인 관계 문제 |
| (2) 오늘 아침 출근길이 마비됐다 | ☐ 지하철 시위 | ☑ 지하철 2호선 고장 |
| (3) 환경 오염이 가속화되고 있다 | ☑ 자동차 매연 | ☐ 플라스틱 쓰레기 |
| (4) 어제 고속도로에서 난 교통사고 피해가 커졌다 | ☐ 안개 | ☑ 폭우 |

A 업무 스트레스로 인해 직장을 옮기는 사람들이 늘었다고 하던데요. 맞아요?

B 아니요. 대인 관계 문제로 인해 직장을 옮기는 사람들이 늘었대요.

# 듣기 지문 및 정답

## 7단원 | 건강한 생활

### 도입

1. 상우 진영 씨, 어디 아파요? 안색이 안 좋아 보여요.
   진영 아픈 건 아니고 요즘 잠을 못 자서 그래요. 새벽에 겨우 잠이 드니까 수면 시간이 한두 시간밖에 안 되는 것 같아요.
2. 엘렌 조슈아 씨, 스포츠 센터에 가는 걸 못 본 것 같은데 요즘 운동 안 해요?
   조슈아 아, 저 지난달부터 홈 트레이닝 하고 있어요. 집에서 하니까 하고 싶을 때 편하게 할 수 있어서 좋아요.
3. 안나 마테오 씨 나라에서는 기운이 없거나 힘들 때 어떤 음식을 먹어요?
   마테오 음. 그럴 때 포솔레(Pozole)를 먹어요. 포솔레는 옥수수와 고기를 넣어 끓인 멕시코의 전통 요리예요.

1. B 2. C 3. A

## 1 조금이나마 건강에 도움이 됐으면 좋겠네요

### 문법 1

1. 부산국제영화제에서 올해의 배우상을 받은 영화배우 황민호는 "우선 재미있는 시나리오, 훌륭한 감독님, 좋은 스태프들이 만들어 주신 것에 저는 그저 연기만 했을 뿐인데 저만 상을 받게 돼서 죄송할 따름입니다. 그리고 영화관을 찾아 주신 관객들께도 감사할 따름입니다."라며 수상 소감을 밝혔다.

3. (1) A 경기를 막 마치셨는데요. 소감 한마디 부탁드립니다.
   B 우승을 하다니 믿기지 않을 따름입니다.
   (2) A 경기를 막 마치셨는데요. 소감 한마디 부탁드립니다.
   B 2 대 2로 비겨서 무척 아쉬울 따름입니다.
   (3) A 경기를 막 마치셨는데요. 소감 한마디 부탁드립니다.
   B 저는 선배들을 믿고 연습한 대로만 했을 따름입니다.
   (4) A 경기를 막 마치셨는데요. 소감 한마디 부탁드립니다.
   B 부상으로 뛰지 못해 다른 선수들에게 그저 미안할 따름입니다.
   (5) A 경기를 막 마치셨는데요. 소감 한마디 부탁드립니다.
   B 힘든 경기였는데 감독인 저를 믿어 준 선수들에게 고마울 따름입니다.
   (6) A 경기를 막 마치셨는데요. 소감 한마디 부탁드립니다.
   B 제가 실력 발휘를 못 해 진 것 같아 제 자신에게 화가 날 따름입니다.

### 문법 2

3. (1) A 시간이 없어서 친구하고 이야기를 거의 못 했죠?
   B 네. 그래도 얼굴이나마 볼 수 있어서 좋았어요.
   (2) A 안나가 생일 파티에 오지 않아서 섭섭했죠?
   B 네. 그래도 문자로나마 축하해 줘서 고마웠어요.
   (3) A 휴가철이라 좋은 숙소를 예약하기가 어렵죠?
   B 네. 그래도 방금 작은 방이나마 구해서 안심이에요.
   (4) A 자리가 무대와 멀어서 가수가 잘 안 보였죠?
   B 네. 그래도 멀리서나마 공연을 볼 수 있어서 다행이었어요.
   (5) A 운동 연습할 때 날씨가 더워서 무척 힘들었죠?
   B 네. 그래도 해가 지니까 바람이나마 좀 불어서 시원했어요.
   (6) A 보고서를 쓰느라 늦게까지 야근해서 피곤하죠?
   B 네. 그래도 출근길에 잠시나마 지하철에서 눈을 붙여서 괜찮아요.

듣기

2. 진행자 여러분, 안녕하세요? 지난주에 이어 홍승주 이화병원 수면 센터장을 모시고 잘 자는 방법에 대해 알아보려고 하는데요. 센터장님, 먼저 축하드립니다. 환자들이 뽑은 '친절한 의사'에 2년 연속 선정되셨죠?

센터장 아, 네. 감사합니다. 저는 그저 제 일을 했을 따름인데 좋게 봐 주신 것 같습니다.

진행자 겸손한 말씀이시네요. 그럼 잠에 대해 이야기해 보도록 하겠습니다. 지난 시간에 하루 7~8시간 정도의 충분한 수면 시간과 함께 잘 자는 것도 중요하다고 말씀하셨는데요. 그렇다면 밤에 잠을 잘 자기 위해서는 어떻게 하는 게 좋을까요?

센터장 무엇보다 일정한 시간에 잠자리에 들고 일어나야 합니다. 평일에 부족한 잠을 주말에 몰아서 자는 분들도 있는데 이렇게 하면 오히려 수면 리듬이 바뀌어서 좋지 않습니다. 또 침대에서 텔레비전이나 스마트폰을 보는 사람이 많은데요. 이건 숙면을 방해하는 습관입니다. 침대는 잠자는 곳으로만 이용하는 게 좋습니다. 그리고 매일 운동하는 것도 숙면을 취하는 데 도움이 됩니다. 그렇지만 밤에 운동하면 잠들기 어렵거나 잠을 설칠 수 있으니까 운동은 잠 자기 서너 시간 전에 끝내는 게 좋습니다.

진행자 그렇군요. 잠들기 어려운 분들에게 조금이나마 도움이 됐으면 좋겠네요. 그런데 잠을 잘 자기 위해 베개를 바꾸기도 하는데 베개도 수면과 관련이 있나요?

(1) ① (2) ② (3) ③

## 2 건강 검진 받는 김에 지난번 다친 데도 검사해 보세요

문법 3

1. A 엘렌 씨, 시험도 끝났는데 주말에 특별한 계획 있어요?
   B 네. 친구랑 강릉에 가기로 했어요. 그리고 강릉에 가는 김에 설악산도 구경하고 오려고요.

   (1)

3. (1) A 방을 닦았어요?
   B 네. 그리고 방을 닦는 김에 거실도 닦았어요.

   (2) A 커피를 주문했어요?
   B 네. 그리고 커피를 주문하는 김에 케이크도 주문했어요.

   (3) A 고장 난 책상을 고쳤어요?
   B 네. 그리고 고장 난 책상을 고치는 김에 의자도 고쳤어요.

   (4) A 박물관을 관람했어요?
   B 네. 그리고 박물관을 관람하는 김에 도자기도 만들었어요.

   (5) A 동생 생일 선물을 샀어요?
   B 네. 그리고 동생 생일 선물을 사는 김에 내 것도 샀어요.

   (6) A 세탁소에 옷을 맡겼어요?
   B 네. 그리고 세탁소에 옷을 맡기는 김에 운동화도 맡겼어요.

듣고 쓰기

2. 의사 어디가 불편하세요?

쇼타 컴퓨터를 오래 해서인지 목하고 어깨가 너무 아파요. 심할 때는 허리까지 아프고요.

의사 화면이 눈높이보다 낮으면 그 화면을 볼 때 목이 구부러져 목, 어깨, 허리까지 통증이 생기게 돼요. 우선 목하고 어깨부터 엑스레이를 찍을게요. 그리고 심할 때는 허리도 아프다고 하셨으니까 찍는 김에 허리도 같이 찍어 봅시다.
(잠시 후)

| | |
|---|---|
| 쇼타 | 선생님, 엑스레이 결과는 어때요? |
| 의사 | 엑스레이를 확인해 보니 목하고 어깨 상태가 많이 안 좋네요. 그동안 무척 아프셨을 텐데 지금이나마 오신 게 다행이에요. 물리 치료를 받으시고 꾸준히 운동도 하셔야 돼요. |
| 쇼타 | 네. 알겠습니다. 그런데 통증이 있을 때마다 집에서 간단한 스트레칭을 하긴 했는데 별로 소용이 없었어요. |
| 의사 | 그럼 제가 목과 어깨 근육을 푸는 동작을 알려 드릴 테니까 해 보세요. 첫 번째 동작은 목 근육을 푸는 동작인데요. 두 손으로 머리 뒤쪽을 잡고 고개를 뒤로 향하도록 하고 10초간 유지하세요. 자, 다음 동작은 어깨를 푸는 동작인데요. 먼저 어깨를 펴고 양쪽 어깨를 똑바로 위로 올렸다가 내려 주세요. 두 동작 모두 하루에 세 번, 한 번에 10회 이상 해 주시면 통증 해소에 조금이나마 도움이 될 거예요. |
| 쇼타 | 네. 알겠습니다. 감사합니다. |

(2) 1) 목하고 어깨를 엑스레이 찍자고 했어요. 그리고 찍는 김에 허리도 찍자고 했어요.
2) 목하고 어깨 상태가 많이 안 좋아요.
3) ②

3. (2) (예시)

쇼타는 목과 어깨가 아파서 병원에 갔어요. <u>의사는 컴퓨터 화면이 눈높이보다 낮으면 목이 구부러져 목, 어깨, 허리까지 통증이 생긴다고 했어요. 우선 목과 어깨 엑스레이부터 찍자고 하면서 찍는 김에 허리도 찍어 보자고 했어요. 의사는 엑스레이 결과, 목과 어깨 상태가 많이 안 좋다고 하면서 지금이나마 병원에 와서 다행이라고 했어요. 의사는 쇼타에게 물리 치료도 받고 꾸준히 운동도 해야 한다고 했어요. 그리고 쇼타에게 목과 어깨 근육을 푸는 간단한 동작을 가르쳐 주었어요. 그러면서 그 동작을 하루에 세 번, 한 번에 10회 이상 하면 통증 해소에 조금이나마 도움이 될 거라고 했어요.</u>

### 읽고 말하기

2.

| | |
|---|---|
| 조사 목적은 뭐예요? | 최근 관심이 높아지고 있는 홈 트레이닝에 대해 알아보기 위해서 |
| 조사 대상은 누구예요? | 20대부터 50대 남녀 500명 |
| 조사 항목에는 뭐가 있어요? | 홈 트레이닝을 하는 이유<br>홈 트레이닝 할 때 가장 많이 하는 운동<br>홈 트레이닝 운동 방식 |
| 조사 결과가 어떻게 나왔어요? | 홈 트레이닝을 하는 이유는 '원하는 시간에 운동할 수 있어서'라는 응답이 70.1%로 가장 많았다. 이어 '다른 사람을 신경 쓰지 않아도 돼서' 38.9%, '돈을 아낄 수 있어서' 29%로 나타났다.<br><br>홈 트레이닝을 할 때 가장 많이 하는 운동으로는 스트레칭(67.8%)과 유산소 운동(53.6%)을 꼽았다.<br><br>운동 방식은 '혼자 자유롭게 운동한다.(48.5%)'는 응답이 가장 많았고 '이왕 하는 김에 전문가 동영상을 보며 제대로 한다.(29.0%)'와 '운동 앱을 켜놓고 몸의 변화를 보면서 한다.(13.3%)'가 그 뒤를 이었다. |

## 3 체력을 단련하고자 마라톤 대회에 참가했어요

### 어휘와 표현 2

2. (1) A 진영 씨, 왜 그래요? 안색이 안 좋아 보여요.
B 아, 네. 아침을 안 먹고 빈속에 커피를 마셔서 그런지 배가 너무 아파요.

(2) A 엘렌 씨, 다른 사람에 비해 엄청 건강해 보이는데 비결이 뭐예요?
B 특별한 건 없어요. 그런데 아무리 바빠도 아침, 점심, 저녁은 꼭 먹어요.

(3) A 유나 씨, 혹시 소화제 있어요? 저녁을 너무 많이 먹어서인지 소화도 안 되고 속이 너무 답답해서요.
B 그래요? 잠시만요. 저도 가끔 소화가 잘 안 돼서 소화제를 가지고 다니거든요.

(4) A 요즘 밥만 먹으면 갑자기 졸려서 정신을 차릴 수가 없어요.
B 저도 그래요. 그렇게 갑자기 졸리면 저도 어떻게 해야 할지 모르겠어요.

(5) A 우리 아이는 고기만 좋아하고 채소를 전혀 먹지 않아서 걱정이에요.
B 우리 민호도 어렸을 때는 그랬는데 크니까 좀 나아졌어요.

(1) 속이 쓰려요
(2) 끼니를 챙겨 먹는
(3) 과식으로 체한
(4) 졸음이 쏟아져서
(5) 음식을 골고루 섭취하지

## 문법 4

1. (1) A 외국인 설날 행사를 열게 된 목적이 무엇인지 말씀해 주시겠습니까?
B 네. 외국인에게 한국의 설 문화를 알리고자 열게 됐습니다.

(2) A 대표님, 어떻게 해서 이 취업 사이트를 만들게 됐습니까?
B 제가 취업 준비할 때 정보가 없어서 힘들었습니다. 그래서 취업 준비생들에게 채용 정보를 제공하고자 만들었습니다.

(1) ① (2) ②

3. **학생 A**

질문하세요!

| 행동 | 목적 | |
|---|---|---|
| (1) 영화관을 방문했다<br>(2) 기부 행사를 했다<br>(3) 마라톤 대회에 참가했다<br>(4) 라이브 방송을 많이 하다 | ☐ 영화제 행사에 참석하다<br>☑ 혼자 사는 노인들을 돕다<br>☑ 체력을 단련하다<br>☐ 채팅으로 팬들과 더 많이 소통하다 | ☑ 이번에 개봉한 영화를 홍보하다<br>☐ 유니세프에 기부하다<br>☐ 제 자신의 한계에 도전하다<br>☑ 시청자에게 친근하고 편안한 모습을 보여 주다 |

(1) A 영화관을 방문한 목적이 어떻게 되십니까?
B 이번에 개봉한 영화를 홍보하고자 영화관을 방문했습니다.

(2) A 기부 행사를 한 목적이 어떻게 되십니까?
B 혼자 사는 노인들을 돕고자 기부 행사를 했습니다.

(3) A 마라톤 대회에 참가한 목적이 어떻게 되십니까?
B 체력을 단련하고자 마라톤 대회에 참가했습니다.

(4) A 라이브 방송을 많이 하는 목적이 어떻게 되십니까?
B 시청자에게 친근하고 편안한 모습을 보여 주고자 라이브 방송을 많이 합니다.

**학생 B**

질문하세요!

| 행동 | 목적 | |
|---|---|---|
| (5) 여행을 자주 가다<br>(6) 한국어를 공부하다<br>(7) 갑자기 도서관에 왔다<br>(8) 사장님께 이메일을 썼다 | ☐ 지식을 넓히다<br>☑ 한국 대학교에 진학하다<br>☑ 도서관 시설을 둘러보다<br>☐ 감사한 마음을 표현하다 | ☑ 여행안내 책을 쓰다<br>☐ 한국 회사에 취직하다<br>☐ 학생들을 응원하다<br>☑ 회사 생활의 어려움을 말씀드리다 |

(5) B 여행을 자주 가는 목적이 어떻게 되십니까?
A 여행안내 책을 쓰고자 여행을 자주 갑니다.

(6) B 한국어를 공부하는 목적이 어떻게 되십니까?
A 한국 대학교에 진학하고자 한국어를 공부합니다.

(7) B 갑자기 도서관에 온 목적이 어떻게 되십니까?
A 도서관 시설을 둘러보고자 (갑자기) 도서관에 왔습니다.

(8) B 사장님께 이메일을 쓴 목적이 어떻게 되십니까?
A 회사 생활의 어려움을 말씀드리고자 사장님께 이메일을 썼습니다.

## 읽고 쓰기

2.

| 표현 | 추측한 의미 | 사전적 의미 |
|---|---|---|
| ① 삶에 자리 잡다 | 삶 속에 들어와 있다 | 삶의 일정한 부분을 차지하다 |
| ② 건강을 해치다 | 건강에 나쁘다, 건강에 해롭다 | 건강에 해를 입히다 |
| ③ 과도하게 걱정하다 | 많이 걱정하다 | 정도에 지나치게 걱정하다 |

3. (1) ② (2) ② (3) ③
   (4) 커피 속 성분이 위산을 과하게 분비시켜서 위를 자극하기 때문이다.

# 8단원 | 문제와 해결 방안

## 도입

1. 유나 루이즈 씨, 문밖에 있는 상자는 뭐예요?
   루이즈 앨범을 하나 샀는데 구성품이 빠져서 반품하려고 내놓은 거예요. 사진이 안 들어 있었어요.
2. 안나 조슈아 씨, 이사할 집을 오늘 계약한다고 했었죠? 전에 살던 집의 보증금 문제는 해결됐어요?
   조슈아 네. 집주인이 마침 어제 보증금을 돌려줘서 새집을 계약하는 데는 문제가 없을 것 같아요.
3. 선배 여보세요, 쇼타? 동아리 개강 모임이 있는 거 잊었어? 사회를 맡아 놓고 안 오면 어떻게 해?
   쇼타 선배, 정말 미안해요. 몸이 안 좋아서 병원에서 링거 주사를 맞다가 잠이 들었어요. 아직 병원이라 못 갈 것 같아요. 미리 연락 못 드려 죄송해요.

1. C 2. B 3. A

## 1 제때 못 받을까 봐서 미리 주문했는데요

### 문법 1

1. A 올리버 씨, 왜 이렇게 알람을 많이 맞춰 놓았어요?
   B 내일 아침 9시 회의에서 제가 발표를 하는데 지각할까 봐서 맞춰 놓은 거예요.

   (2)

3. (1) A 왜 솔직하게 말하지 않았어요?
   B 사실대로 말하면 부모님이 걱정하실까 봐서 다리를 다친 사실을 숨겼어요.
   (2) A 왜 솔직하게 말하지 않았어요?
   B 룸메이트하고 사이가 멀어질까 봐서 그 친구가 시끄럽게 음악을 듣는 게 불편하다고 말할 수가 없었어요.
   (3) A 왜 솔직하게 말하지 않았어요?
   B 동창회에 다녀오면 공부할 시간이 부족할까 봐서 친구에게 다른 약속이 있다고 거짓말을 했어요.
   (4) A 지금 어디에 가요?
   B 좋아하는 빵이 다 팔렸을까 봐서 빵집에 미리 전화해 보고 사러 가는 중이에요.
   (5) A 지금 어디에 가요?
   B 이렇게 입으면 저녁에 추울까 봐서 재킷을 가지러 기숙사에 가요.
   (6) A 지금 어디에 가요?
   B 친구가 내일 귀국하는데 지금 안 보면 후회할까 봐서 친구네 집에 가려고 나왔어요.

### 문법 2

3. (1) A 언제 설거지를 했어요?
   제가 빨래를 너는 사이에 설거지를 했어요? / 제가 찌개를 끓이는 사이에 설거지를 했어요? / 제가 청소기를 돌리는 사이에 설거지를 했어요? / 제가 잠깐 잠이 든 사이에 설거지를 했어요?
   B 땡! / 딩동댕!

(2) A 언제 상을 차렸어요?
제가 빨래를 너는 사이에 상을 차렸어요? / 제가 찌개를 끓이는 사이에 상을 차렸어요? / 제가 청소기를 돌리는 사이에 상을 차렸어요? / 제가 잠깐 잠이 든 사이에 상을 차렸어요?
B 땡! / 딩동댕!

(3) A 언제 친구한테 전화했어요?
제가 빨래를 너는 사이에 친구한테 전화했어요? / 제가 찌개를 끓이는 사이에 친구한테 전화했어요? / 제가 청소기를 돌리는 사이에 친구한테 전화했어요? / 제가 잠깐 잠이 든 사이에 친구한테 전화했어요?
B 땡! / 딩동댕!

(4) A 언제 편의점에 다녀왔어요?
제가 빨래를 너는 사이에 편의점에 다녀왔어요? / 제가 찌개를 끓이는 사이에 편의점에 다녀왔어요? / 제가 청소기를 돌리는 사이에 편의점에 다녀왔어요? / 제가 잠깐 잠이 든 사이에 편의점에 다녀왔어요?
B 땡! / 딩동댕!

듣기

2.
상담원 이화몰 고객 센터의 이동욱입니다. 고객님, 뭘 도와드릴까요?
루이즈 제가 지난주에 주문한 걸 방금 받았는데 하나가 안 온 것 같아요. 제 이름은 루이즈이고 주문 번호는 327715입니다.
상담원 지난주 월요일에 주문하신 샴푸, 보디로션, 비누가 두 개 들어 있는 세트 맞으시죠? 어떤 게 없나요?
루이즈 샴푸랑 비누만 있고 보디로션이 안 들어 있어요. 쇼핑몰 사이트에서 주문 내역을 다시 확인해 봤는데 세트로 주문한 게 맞아요.
상담원 잠시만 기다려 주세요. 확인해 보겠습니다.
(잠시 후) 고객님, 확인해 본 결과 포장 과정에서 실수로 구성품이 하나 빠진 것 같습니다. 저희가 새 상품을 보내 드릴 테니까 지금 받으신 상품은 반품해 주시기 바랍니다.
루이즈 네. 알겠습니다. 친구한테 선물할 건데 혹시 내일 아침까지 배송해 주실 수 있나요?
상담원 고객님, 가능한지는 알아봐야 할 것 같습니다. 확인 후에 다시 전화드리겠습니다.
루이즈 제때 못 받을까 봐서 미리 주문했는데 배송이 지연되는 바람에 이것도 3일 만에 받았어요. 내일 필요하니까 내일 아침까지 꼭 보내 주시면 좋겠어요.
상담원 네. 알겠습니다. 곧 전화드리겠습니다. 다시 한번 불편을 끼쳐 드려서 죄송합니다. 그럼 아침 배송이 가능한지 배송 팀에서 알아보는 사이에 제가 먼저 반품 처리부터 해 드리겠습니다.

(1) ② (2) ③ (3) ③

## 2 이사 한 달 전에만 알리면 되는 줄 알았는데 아닌가요?

문법 3

1. (1) A 다샤 씨, 나갈 때 우산 가지고 가세요. 지금 밖에 비 와요.
B 그래요? 고마워요. 밖에 비가 오는 줄 몰랐네요.

(2) A 마테오가 멕시코에서 왔다면서요? 영어를 잘해서 미국 사람인 줄 알았어요.
B 진차오 씨, 이제 알았어요? 마테오가 미국에서도 2년 정도 살아서 영어를 잘하는 거예요.

(1) ② (2) ②

3. (1) A 휴대 전화가 가방에 있었어요?
B 네. 휴대 전화를 집에 놓고 온 줄 알았는데 가방에 있었어요.

(2) A 처방 받은 약을 매일 먹어야 돼요?
B 네. 증상이 있을 때만 먹으면 되는 줄 알았는데 매일 먹어야 돼요.

(3) A 회원 가입 절차가 생각보다 복잡했어요?
B 네. 가입 절차가 간단한 줄 알았는데 생각보다 복잡했어요.

(4) A 무선 청소기에 충전이 안 되어 있었어요?
B 네. 청소기가 고장 난 줄 알았는데 충전이 안 되어 있었어요.

(5) A 이 보험으로 병원비를 전액 보상받을 수 있어요?
B 네. 50%만 보상받는 줄 알았는데 전액 보상받을 수 있어요.

(6) A 이 도서관의 연체료가 다른 도서관보다 비싸요?
B 네. 이 도서관의 연체료가 더 싼 줄 알았는데 다른 도서관보다 비싸요.

### 듣고 쓰기

2.

| | |
|---|---|
| 조슈아 | 여보세요, 이화부동산이죠? 저는 이화원룸 503호에 살고 있는 조슈아라고 하는데요. 계약에 대해 말씀드릴 게 있어서 전화했는데 어떤 분과 통화하면 될까요? |
| 중개인 | 저한테 말씀하시면 됩니다. |
| 조슈아 | 제가 급하게 귀국할 일이 생겨서 다음 달에 방을 빼야 될 것 같아요. 이사 한 달 전에 부동산에 알려야 한다고 해서 연락드렸어요. |
| 중개인 | 아, 네. 그런데 계약서를 확인해 보니까 아직 계약 기간이 3개월 남았네요. 계약 기간을 채워야 되는데 다음 달에 나가면 계약을 못 지키시는 건데요. |
| 조슈아 | 네. 그런데 저는 계약 기간 전에 나가더라도 이사 한 달 전에만 알리면 되는 줄 알았는데 아닌가요? |
| 중개인 | 그 방을 빌릴 세입자를 구하면 괜찮지만 만약에 못 구하면 남은 월세를 내셔야 돼요. |
| 조슈아 | 그래요? 그럼 세입자를 빨리 구해야겠네요. |
| 중개인 | 네. 그런데 귀국까지 한 달이나 남았고 이화원룸은 다른 곳에 비해서 방을 내놓으면 금방 나가는 편이니까 세입자가 없을까 봐 너무 걱정하지 않으셔도 돼요. 남은 월세를 내는 손해는 보지 않으실 것 같긴 해요. |
| 조슈아 | 그렇군요. 그럼 방을 빼겠다고 집주인한테 이야기해 주시고 새 세입자도 알아봐 주시겠어요? 저도 제 친구들한테 한번 물어볼게요. |
| 중개인 | 네. 저희도 알아보고 연락드릴게요. |

(2) 1) 계약 기간 전에 나가더라도 부동산에 이사 한 달 전에만 알리면 되는 줄 알았어요.
2) 계약 기간을 채우지 못했어요. 그래서 그 방을 빌릴 세입자를 못 구하면 남은 월세를 내야 돼요.
3) ②

3. (2) (예시)

조슈아는 급하게 귀국할 일이 생겨서 부동산에 전화했어요. <u>그런데 계약 기간이 3개월 남아 있어서 조슈아가 계약을 지키지 못하는 상황이 되었어요. 조슈아는 계약 기간 전에 나가더라도 이사 한 달 전에만 알리면 되는 줄 알았는데 중개인은 그 방을 빌릴 세입자를 구하면 괜찮지만 못 구하면 남은 월세를 내야 된다고 했어요. 중개인은 조슈아에게 이화원룸은 다른 곳에 비해서 방을 내놓으면 금방 나가는 편이니까 세입자가 없을까 봐 걱정하지 않아도 된다고 했어요. 그리고 조슈아가 남은 월세를 내는 손해는 보지 않을 것 같다고도 했어요. 조슈아는 부동산에 방을 빼겠다고 말하고 친구들한테도 물어보기로 했어요. 그리고 중개인도 새 세입자를 알아보기로 했어요.</u>

### 읽고 말하기

2.

| 상황 | | 문제 발생 | |
|---|---|---|---|
| 생활용품을 사러 마트에 갔는데 마침 할인을 하고 있어서 주방 용품과 주방 세제, 휴지를 샀다. | ⇨ | 계산을 하고 보니 할인 상품만 산 줄 알았는데 생각보다 돈이 많이 나와서 당황했다. 영수증을 확인해 보니까 냄비와 컵이 할인이 안 된 가격으로 계산되어 있었다. | ⇨ |

| 문제 제기 | | 해결 |
|---|---|---|
| 점원에게 영수증을 보여 주면서 냄비와 컵이 할인 상품인지 확인해 달라고 했다. | ⇨ | 점원은 영수증을 확인하더니 계산 실수가 있었다면서 여러 번 죄송하다고 했다. 그리고 할인된 가격으로 다시 계산해 주었다. 영수증을 확인한 덕분에 계산 실수를 바로 잡을 수 있었다. |

## 3 감기약을 먹은 탓에 아침에 일어날 수가 없었습니다

### 어휘와 표현 2

2. (1) 반성하는
   (2) 문제로 여기지 않고
   (3) 다시 해 보라며
   (4) 이런저런 이유를 말하며
   (5) 너그럽게 이해해 달라고

### 문법 4

1. 어제 급하게 나가는 바람에 창문 닫는 것을 깜박했다. 창문을 열어 놓고 나간 탓에 비가 집 안으로 들어왔다. 그래서 창문 옆에 있던 침대가 다 젖어 버렸다. 침대가 **젖은 탓에** 어제는 바닥에서 불편하게 자야 했다. 오늘은 침대를 말리고 방을 정리하느라고 너무 힘들었다.

3. (1) A 헨젤(Hänsel)과 그레텔(Gretel)은 왜 집으로 돌아갈 수 없었어요?
   B 새들이 빵을 다 먹어 버린 탓에 집으로 돌아갈 수 없었어요.

   (2) A 거위는 왜 죽었어요?
   B 농부가 욕심을 부린 탓에 거위가 죽었어요.

   (3) A 두루미는 왜 음식을 못 먹었어요?
   B 그릇이 얕은 탓에 음식을 못 먹었어요.

   (4) A 여우는 왜 포도를 따 먹지 못했어요?
   B 나무가 너무 높은 탓에 포도를 따 먹지 못했어요.

   (5) A 빨간 모자는 왜 늑대한테 속고 말았어요?
   B 늑대가 할머니 흉내를 내는 탓에 속고 말았어요.

   (6) A 라푼첼(Rapunzel)은 왜 머리카락이 잘렸어요?
   B 마녀 몰래 왕자를 만난 탓에 머리카락이 잘렸어요.

### 읽고 쓰기

2.

| | 올리버의 심정 |
|---|---|
| ①, ② | 진심으로 죄송하다고 생각하면서 자신의 행동에 대해 후회하고 반성하고 있다. |
| ③, ④ | 부장님께 이야기하는 것을 조심스러워하고 있다. |

3. (1) ②
   (2) 어제 저녁부터 머리도 아프고 감기 기운도 있어서 약을 먹었습니다. 감기약을 먹은 탓에 아침에 일어날 수가 없었습니다.
   (3) ② (4) ③

## 9단원 | 언어와 생활

### 도입

1. 루이즈 상우 씨, 여기 '깜놀'이라는 말이 무슨 말이에요?
   상우 아, 깜놀요? '깜짝 놀랐어.'라는 말을 줄여서 쓴 거예요.
2. 위칭 '할 수 있다!'는 조슈아 씨의 좌우명이죠?
   조슈아 네. 저는 힘들 때마다 계속 이렇게 말해요. 말하는 대로 이루어진다고 믿거든요.
3. 안나 도서관에서 무슨 책을 빌렸어요?
   진차오 한국어 어원에 대한 책이에요. 한국어 표현들이 어떻게 생겨났는지 알고 싶어서요.

1. C 2. B 3. A

## 1 계속 말하다 보면 실제로 이루어질 거예요

### 문법 1

3. (1) A 어떻게 하면 옷을 잘 입을 수 있을까요?
B 다양한 스타일의 옷을 입어 보세요. 입다 보면 자기에게 어울리는 스타일을 찾게 될 거예요.

(2) A 어떻게 하면 옷을 잘 입을 수 있을까요?
B 매달 패션 잡지를 보세요. 보다 보면 잡지에 나오는 최신 유행 패션을 따라 입을 수 있을 거예요.

(3) A 어떻게 하면 옷을 잘 입을 수 있을까요?
B 옷을 잘 입는 사람하고 쇼핑 다녀 보세요. 다니다 보면 옷을 잘 입는 방법을 배울 수 있을 거예요.

(4) A 어떻게 하면 한국어를 잘할 수 있을까요?
B 한국어 뉴스를 들어 보세요. 듣다 보면 듣기 실력이 향상될 거예요.

(5) A 어떻게 하면 한국어를 잘할 수 있을까요?
B 하루에 어휘를 스무 개씩 외워 보세요. 외우다 보면 쓸 수 있는 어휘가 많아질 거예요.

(6) A 어떻게 하면 한국어를 잘할 수 있을까요?
B 한국 드라마를 보며 배우의 대사를 따라 해 보세요. 따라 하다 보면 일상생활에서 자주 쓰는 말을 익힐 수 있을 거예요.

### 문법 2

1. (1) A 이제 방이 시원한데 에어컨을 끌까요?
B 에어컨을 끄면 금방 더워지니까 계속 켜 두는 게 좋을 것 같아요.

(2) A 엘렌, 오늘 이사하지? 준비 다 됐어?
B 응. 짐도 다 싸 뒀고 이사 갈 집도 청소해 뒀어. 이제 짐만 옮기면 돼.

(1) ② (2) ①

3. 학생 A

질문하세요!

[회의 준비] 회의 시간: 내일 2시

| | |
|---|---|
| (1) 회의실을 빌렸다 | ○ |
| (2) 발표자를 정했다 | ○ |
| (3) 발표 자료를 만들었다 | × |
| (4) 회의 때 마실 음료수를 샀다 | ○ |

(1) A 내일 2시에 회의를 하는데 회의실을 빌려 뒀어요?
B 네. 어제 회의실을 빌려 뒀어요.

(2) A 내일 2시에 회의를 하는데 발표자를 정해 뒀어요?
B 네. 지난주에 발표자를 정해 뒀어요.

(3) A 내일 2시에 회의를 하는데 발표 자료를 만들어 뒀어요?
B 아니요. 오늘 퇴근 전까지 발표 자료를 만들어 둘게요.

(4) A 내일 2시에 회의를 하는데 회의 때 마실 음료수를 사 뒀어요?
B 네. 오늘 오전에 음료수를 사 뒀어요.

학생 B

질문하세요!

[여행 준비] 여행 가는 날짜: 다음 주 월요일

| | |
|---|---|
| (5) 숙소를 예약했다 | ○ |
| (6) 짐을 쌌다 | × |
| (7) 여행지 정보를 찾았다 | ○ |
| (8) 여행 계획을 세웠다 | ○ |

(5) B 다음 주 월요일에 여행을 가는데 숙소를 예약해 뒀어요?
A 네. 한 달 전에 숙소를 예약해 뒀어요.

(6) B 다음 주 월요일에 여행을 가는데 짐을 싸 뒀어요?
A 아니요. 이번 주말까지 짐을 싸 둘게요.

(7) B 다음 주 월요일에 여행을 가는데 여행지 정보를 찾아 뒀어요?
A 네. 지난주에 여행지 정보를 찾아 뒀어요.

(8) B 다음 주 월요일에 여행을 가는데 여행 계획을 세워 뒀어요?
A 네. 이미 여행 계획을 다 세워 뒀어요.

듣기

2. 사회자 오늘은 의사소통연구소의 정미경 원장님을 모시고 말의 힘에 대한 이야기를 나눠 보도록 하겠습니다. 원장님, 안녕하세요?
정미경 네. 안녕하세요?
사회자 말에 정말 힘이 있습니까? 어떤 힘이 있는 겁니까?
정미경 '말이 씨가 된다.'는 속담이 있듯이 말 한마디가 얼마나 중요한지 모두 아실 겁니다. 말이 실제로 어떤 영향을 미치는지 재미있는 실험이 있어서 소개해 드릴까 합니다. 양파 두 개를 각각 유리컵에 꽂아 두고 매일 물을 갈아 주면서 한쪽 양파에는 '정말 예쁘다!', 다른 쪽 양파에는 '너무 밉다!'라고 말해 줬다고 합니다.
사회자 그 말을 들은 양파는 어떻게 되었을까요?
정미경 네. 한 달 후에 보니까 '정말 예쁘다!'라는 말을 들은 양파는 뿌리도 잘 자라고 줄기도 높이 자란 반면에 '너무 밉다!'라는 말을 들은 양파는 뿌리도 잘 자라지 않고 줄기도 거의 나지 않았습니다. 식물도 긍정적인 말을 듣다 보면 잘 자라지만 부정적인 말을 듣다 보면 잘 자라지 못한다는 것을 보여 준 것이죠.
사회자 말이 이렇게 큰 영향을 주다니 말을 더 신중하게 해야겠다는 생각이 드는데요. 그럼 원장님, 우리가 생활 속에서 구체적으로 어떻게 해야 할까요?
정미경 불평을 늘어놓는다거나 다른 사람을 함부로 비난하는 부정적인 말은 삼가고 감사나 칭찬 같은 긍정적인 말을 하는 습관을 가져야 합니다.

(1) ②
(2) ① 너무 밉다 ② 정말 예쁘다
(3) ②

## 2 10년 전만 같아도 이런 말이 없었어요

문법 3

1. A 마테오 씨, 많이 힘들어요? 등산 자주 하지 않아요?
B 예전에는 등산을 자주 했는데 올해에는 한 번도 못 했어요. 작년만 같아도 이렇게 힘들지는 않았는데 오랜만에 등산해서인지 오늘 좀 힘이 드네요.

(1)

3. (1) A 요즘은 사람들이 늦게 결혼하는 것 같아요.
B 그러게요. 부모님 세대만 같아도 대부분 20대에 결혼했는데 말이에요.

(2) A 위칭이 지금 기분이 안 좋은 것 같아요.
B 그러게요. 수업 시작하기 전만 같아도 기분이 좋았는데 말이에요.

(3) A 시험 기간이라서 도서관에 사람이 많은 것 같아요.
B 그러게요. 학기 초만 같아도 사람이 많지 않았는데 말이에요.

(4) A 조슈아가 이번 학기에는 지각을 안 하는 것 같아요.
B 그러게요. 지난 학기만 같아도 지각을 자주 했는데 말이에요.

(5) A 요즘 초등학교는 한 반에 스무 명도 안 되는 것 같아요.
B 그러게요. 우리가 학교 다닐 때만 같아도 한 반에 마흔 명 정도 됐는데 말이에요.

(6) A 오늘 주말이라서 길이 많이 막히는 것 같아요.
B 그러게요. 평일만 같아도 길이 막히지 않는데 말이에요.

듣고 쓰기

2. 강연자 우리가 요즘 자주 쓰는 말 중에는 어원이 재미있는 표현들이 많은데요. 혹시 '시치미를 떼다'라는 말이 어떻게 생겨났는지 아십니까? 옛날에는 매를 훈련시켜서 다른 동물을 잡는 매사냥을 즐겨 했습니다. 매가 서로 바뀌거나 매를 잃어버리는 걸 막기 위해 매의 꼬리에 주인 이름이 쓰인 이름표를 붙여 뒀는데요. 이걸 바로 '시치미'라고 합니다. 그런데 다른 사람이 훈련시킨 훌륭한 매의 시치미를 떼어 버리고 자기 매처럼 사용하는 사람도 있었습니다. 여기에서 유래해서 '시치미를 떼다'라는 표현은 자기가 해 놓고 안 한 것처럼 행동한다는 의미로 쓰이게 된 것입니다.

하나 더 알아볼까요? '안성맞춤'이라는 말 아시죠? '이 집은 혼자 살기에 안성맞춤이다.'와 같이 어떤 조건이나 상황에 잘 어울린다는 뜻으로 쓰이고 있습니다. 이 표현이 어떻게 생겨났는지 살펴보면, 예전에 경기도에 있는 '안성'이라는 곳이 놋그릇을 잘 만드는 것으로 유명했는데 특히 그릇을 주문하면 품질이 뛰어나게 잘 나왔다고 합니다. 바로 여기서 '안성맞춤'이라는 말이 나온 거죠. 그때만 같아도 안성에서 만든 놋그릇을 가리키는 말이었는데요. 시간이 지나면서 그 뜻이 점점 더 넓어져 오늘날에는 어떤 조건이나 상황에 딱 맞게 잘 어울린다는 의미를 갖게 되었습니다.

(2) 1) 자기가 해 놓고 안 한 것처럼 행동한다는 의미로 쓰이고 있어요.

2) ① 옛날: 안성에서 만든 놋그릇

② 오늘날: 어떤 조건이나 상황에 딱 맞게 잘 어울린다

3) ③

3. (2) (예시)

우리가 쓰는 말 중에는 어원이 재미있는 표현이 많아요. 옛날에는 매사냥을 즐겨 했는데 매의 꼬리에 주인의 이름이 쓰인 이름표를 붙여 뒀어요. 이걸 시치미라고 하는데 다른 사람의 매에서 시치미를 떼어 버리고 자기 매처럼 사용하는 사람도 있었어요. 여기에서 유래해서 '시치미를 떼다'는 자기가 해 놓고 아닌 것처럼 행동한다는 의미로 쓰이고 있어요. 그리고 예전에 경기도 안성의 맞춤 그릇의 품질이 뛰어나서 거기에서 '안성맞춤'이라는 말이 나왔어요. 그때만 같아도 안성에서 만든 놋그릇을 가리키는 말이었는데 오늘날에는 어떤 조건이나 상황에 딱 맞게 잘 어울린다는 의미를 갖게 됐어요.

읽고 말하기

2.

| | | |
|---|---|---|
| 혼밥, 혼술, 혼영 | 의미 | 혼밥은 혼자 밥 먹기, 혼술은 혼자 술 마시기, 혼영은 혼자 영화 보기라는 의미이다. |
| | 사회적 배경 | 10여 년 전만 같아도 다른 사람과 함께하는 것이 기본이었는데 요즘에는 혼자 하는 사람이 많아졌기 때문에 생겼다. |
| 육아 퇴근 | 의미 | 직장에서 일을 마치면 퇴근하듯이 아이를 돌보는 시간을 끝낸다는 의미다. |
| | 사회적 배경 | 아이를 키우는 일도 퇴근이 필요할 정도로 힘들고 쉼이 필요한 일이라는 사회적 공감대 속에서 이 말이 생겼다. |

## 3 될 수 있는 한 줄임말을 쓰지 않는 게 좋겠어요

어휘와 표현 2

2. (1) 철자를 잘못 써서
(2) 부산 말을 하니까
(3) 긴말을 짧게 하는
(4) 영어 가사를 너무 많이 써서
(5) 말소리의 높낮이가 자연스럽지 않아서

문법 4

1. 매년 할머니 생신이 되면 돌아가신 할머니가 더 보고 싶어진다. 어릴 때부터 바쁜 어머니를 대신해서 할머니는 힘이 닿는 한 나와 동생을 돌봐 주시려고 애쓰셨다. 내가 **기억하는 한** 할머니는 우리에게 항상 사랑을 베풀어 주시던 분이었다. 할머니를 다시 뵐 수 있다면 할머니께 정말 감사하다고 말씀드리고 싶다.

3. (1) A 어떻게 하면 돈을 많이 모을 수 있을까요?
   B 지금처럼 돈을 물 쓰듯이 쓰는 한 절대 모을 수 없어요. 돈을 아껴 쓰세요.

   (2) A 어떻게 하면 5급에 올라갈 수 있을까요?
   B 매일 예습, 복습을 열심히 하는 한 반드시 5급에서 공부할 수 있을 거예요. 예습, 복습을 열심히 하세요.

   (3) A 어떻게 하면 아침에 일찍 일어날 수 있을까요?
   B 밤늦게 잠을 자는 한 일찍 일어나기 힘들어요. 일찍 잠자리에 드세요.

   (4) A 어떻게 하면 허리 통증이 나아질 수 있을까요?
   B 긴 시간 계속 앉아 있는 한 허리가 아플 수밖에 없어요. 긴 시간 계속 앉아 있지 마세요.

   (5) A 어떻게 하면 맞춤법을 틀리지 않을 수 있을까요?
   B 꾸준히 쓰기를 연습하지 않는 한 맞춤법 실수를 줄일 수 없어요. 꾸준히 쓰기 연습을 하세요.

   (6) A 어떻게 하면 아이에게 좋은 습관을 갖게 할 수 있을까요?
   B 부모가 모범을 보이지 않는 한 아이가 좋은 습관을 갖기 어려워요. 부모가 아이에게 모범을 보이세요

읽고 쓰기

2.

| 질문 | 본문에 나온 답 |
|---|---|
| ① 외국어를 지나치게 사용하면 어떤 문제가 생길까? | • 본래 있던 표현이 사라지고 그 언어에 있는 문화와 정서도 흐려질 수 있다.<br>• 그 언어를 사용하는 사람들 간에 자연스러운 의사소통에 방해가 될 수 있다. |
| ② 외국어 사용을 줄이기 위해 어떻게 해야 할까? | • 한 사람, 한 사람이 외국어의 지나친 사용에 대한 문제의식을 가지고, 될 수 있는 한 외국어를 사용하지 않기 위해 노력해야 한다.<br>• 언론에서도 불필요한 외국어 사용을 줄여야 한다. |

3. (1) ② (2) ② (3) ②
   (4) 어떤 대상이나 상황을 더 정확하게 표현하는 데 도움이 된다.

## 10단원 | 우리 주변의 이웃

도입

1. 안나 이게 무슨 소리예요? 어디에서 이렇게 소리가 크게 나는 거예요?
   쇼타 윗집에서요. 너무 시끄러워서 몇 번 이야기했는데 그대로예요.

2. 조슈아 위칭 씨, 장갑이 떨어졌어요. 장갑 잘 챙겨요.
   위칭 조슈아 씨, 고마워요. 교실에서 급하게 나오느라 가방에서 장갑이 떨어진 것도 몰랐네요.

3. 루이즈 마테오 씨, 어려운 사람들에게 음식을 만들어서 보내는 봉사 활동을 한다면서요?
   마테오 네. 어떻게 하면 생활이 힘든 사람들을 도울 수 있는지 고민했는데요. 요리는 자신이 있으니까 음식을 만들어서 전달하면 좋겠다고 생각해서 이 일을 시작하게 됐어요.

1. B 2. C 3. A

### 1 위층에서 강아지가 계속 짖어 대요

어휘와 표현 1

2. (1) A 위칭 씨, 쇼타하고 사이가 안 좋아 보여서 걱정했는데 다시 잘 지내는군요.
   B 네. 제가 먼저 쇼타한테 전화해서 미안하다고 말하고 잘 지내자고 했어요.

   (2) A 엘렌 씨, 왜 이렇게 지쳤어요?
   B 조금 전에 상우하고 루이즈가 말다툼을 해서 두 사람에게 그러지 말라고 했거든요. 그래서인지 좀 힘드네요.

(3) A 안나와 다샤는 왜 서로 말을 안 해요? 둘이 무슨 일이 있었어요?
B 조금 전에 여행 계획을 세우다가 서로 생각이 달라서 좀 싸웠대요.

(4) A 위층에서 또 피아노를 치네요.
B 그러니까요. 매일 이 시간이 되면 피아노를 치는데 너무 시끄러워서 지내기가 힘들어요.

(5) A 이화건설이죠? 저는 루이즈라고 합니다. 학교 앞 이화빌딩 공사 때문에 전화했어요. 공사하는 큰 차들이 계속 드나들어 사람들이 다닐 때 너무 위험합니다.
B 그래요? 불편을 끼쳐 정말 죄송합니다. 저희가 방법을 빨리 찾도록 하겠습니다.

(1) 화해를 청했어요
(2) 싸움을 말리느라(고)
(3) 갈등이 생겼어요
(4) 층간 소음에 시달리고
(5) 불편을 호소하고

## 문법 1

1. 오늘부터 방학이라서 원래는 집에서 쉴까 했다. 하지만 옆집에서 나는 텔레비전 소리가 너무 커서 집에서 쉬려야 쉴 수가 없었다. 그래서 어쩔 수 없이 집을 나와서 근처 식당에 가려고 했다. 그런데 가는 식당마다 아직 문을 열지 않아서 밥을 **먹으려야** 먹을 수가 없었다. 그래서 식당 문을 열 때까지 카페에서 시간을 보내며 기다렸다.

3. (1) A 왜 가게에서 그냥 나왔어요?
B 매장에 사람이 많아서 원하는 화장품을 고르려야 고를 수가 없었어요.

(2) A 왜 가게에서 그냥 나왔어요?
B 가게 안에 탈의실이 없어서 사이즈가 맞는지 옷을 입어 보려야 입어 볼 수가 없었어요.

(3) A 왜 가게에서 그냥 나왔어요?
B 생각보다 구두가 너무 비싸서 가지고 있는 돈으로 마음에 드는 구두를 사려야 살 수가 없었어요.

(4) A 여행은 어땠어요?
B 침대가 불편해서 밤에 잠을 자려야 잘 수가 없었어요.

(5) A 여행은 어땠어요?
B 음식이 입에 안 맞아서 음식을 조금이라도 먹으려야 먹을 수가 없었어요.

(6) A 여행은 어땠어요?
B 가는 곳마다 길이 막혀서 많은 곳을 구경하려야 구경할 수가 없었어요.

## 문법 2

1. (1) A 다샤 씨, 오늘 왜 이렇게 학교에 일찍 왔어요?
B 오전 6시부터 룸메이트의 알람이 10분마다 울려 대서 일찍 깼어요. 그래서 그냥 빨리 준비하고 나왔어요.

(2) A 쇼타 씨, 오늘 도서관에서 밤늦게까지 공부한다고 하지 않았어요?
B 그러려고 했는데 옆자리에 앉은 두 사람이 너무 떠들어 대서 일찍 나왔어요.

(1) ② (2) ②

3. (1) A 왜 위칭이 배탈이 났어요?
B 덥다고 차가운 음료수만 자꾸 마셔 대서 배탈이 났대요.

(2) A 왜 루이즈의 팔에 상처가 생겼어요?
B 모기에 물린 후에 계속 긁어 대서 상처가 생겼대요.

(3) A 왜 유나가 동생에게 짜증을 냈어요?
B 동생이 문제만 생기면 유나에게 전화해 대서 동생에게 짜증을 냈대요.

(4) A 왜 올리버가 경찰서에 신고했어요?
B 밤마다 모르는 사람이 계속 문을 두드려 대서 경찰서에 신고했대요.

(5) A 왜 그 팀이 세 시간 넘게 회의했어요?
B 팀원들이 자신의 말만 맞는다고 우겨 대서 세 시간 넘게 회의했대요.

(6) A 왜 조슈아가 버스에서 옆 사람에게 뭐라고 했어요?
B 옆 사람이 휴대 전화를 하면서 자꾸 밀어 대서 뭐라고 했대요.

## 듣기

2.

| | |
|---|---|
| 쇼타 | 진영 씨, 굉장히 피곤해 보여요. 무슨 일 있었어요? |
| 진영 | 네. 지난달에 저희 집 바로 위층에 사람들이 이사를 왔는데 너무 시끄러워서 생활하기가 힘들어서요. |
| 쇼타 | 공동 주택에서 생활하면서 불편을 호소하는 것 중 하나가 층간 소음이라고 하던데 진영 씨도 그렇군요. |
| 진영 | 네. 쿵쿵 소리를 내면서 걷고 저녁엔 운동 기구를 자주 사용해요. 그동안 의자를 끌거나 강아지가 짖는 소리가 들렸어도 참았는데요. 어제는 심하게 쿵쿵거리면서 걷고 강아지가 계속 짖어 대서 참기가 힘들었어요. |
| 쇼타 | 그랬군요. 밤에는 괜찮아졌어요? |
| 진영 | 아니요. 10시가 돼도 조용하기는커녕 더 심해지는 거예요. 잠을 자려야 잘 수가 없어서 결국 관리실에 전화해서 이야기 좀 해 달라고 했어요. |
| 쇼타 | 정말요? 위층 사람들은 뭐라고 했대요? |
| 진영 | 죄송하다고 하면서 앞으로 조용히 걷고 의자 소리도 나지 않게 하겠대요. 그리고 낮에는 조용히 운동하고 밤 8시 이후에는 운동하지 않겠다고 했대요. 또 강아지도 짖지 않게 조심시키겠다고 했고요. |
| 쇼타 | 다행이네요. 같이 생활하려면 서로 노력하고 서로의 입장을 이해하는 게 가장 중요한 것 같아요. |
| 진영 | 맞아요. 쇼타 씨, 제가 이런 문제를 직접 경험해 보니까 저도 이웃한테 피해를 주지 않도록 더 많이 신경 써야겠다는 생각이 드네요. |

(1) ② (2) ③ (3) ①

## 2 조금만 늦었으면 큰일 날 뻔했어요

### 문법 3

1. A 조슈아 씨, 약속 시간에 좀 늦을 것 같다고 하더니 제시간에 왔네요.
   B 네. 집에서 좀 늦게 나와서 지하철을 놓칠 뻔했는데 겨우 타서 늦지 않게 왔어요.

   (1)

3. **학생 A**

**질문하세요!**

| 상황 | 대답 | |
|---|---|---|
| (1) 올리버가 자전거를 타다 | ☑ 아이와 부딪히다 | ☐ 다른 자전거와 충돌하다 |
| (2) 위칭이 길을 걷다 | ☐ 눈길에 미끄러지다 | ☑ 누가 던진 공에 맞다 |
| (3) 조슈아가 설거지하다 | ☑ 그릇을 깨다 | ☐ 손을 다치다 |
| (4) 루이즈가 영화를 보다 | ☑ 내용이 슬퍼서 울다 | ☐ 영화가 무서워서 소리를 지르다 |

(1) A 올리버 씨, 자전거를 타다가 무슨 일이 있었어요?
B 아이와 부딪힐 뻔했어요.

(2) A 위칭 씨, 길을 걷다가 무슨 일이 있었어요?
B 누가 던진 공에 맞을 뻔했어요.

(3) A 조슈아 씨, 설거지하다가 무슨 일이 있었어요?
B 그릇을 깰 뻔했어요.

(4) A 루이즈 씨, 영화를 보다가 무슨 일이 있었어요?
B 내용이 슬퍼서 울 뻔했어요.

**학생 B**

**질문하세요!**

| 상황 | 대답 | |
|---|---|---|
| (5) 유나가 산책하다 | ☑ 강아지를 잃어버리다 | ☐ 급한 연락을 못 받다 |
| (6) 쇼타가 수업을 듣다 | ☑ 너무 피곤해서 졸다 | ☐ 떠들어서 선생님께 혼나다 |
| (7) 엘렌이 고기를 굽다 | ☐ 불을 내다 | ☑ 고기를 태우다 |
| (8) 진차오가 찌개를 옮기다 | ☐ 냄비를 떨어뜨리다 | ☑ 뜨거워서 손을 데다 |

(5) B 유나 씨, 산책하다가 무슨 일이 있었어요?
A 강아지를 잃어버릴 뻔했어요.

(6) B 쇼타 씨, 수업을 듣다가 무슨 일이 있었어요?
A 너무 피곤해서 졸 뻔했어요.

(7) B 엘렌 씨, 고기를 굽다가 무슨 일이 있었어요?
A 고기를 태울 뻔했어요.

(8) B 진차오 씨, 찌개를 옮기다가 무슨 일이 있었어요?
A 뜨거워서 손을 델 뻔했어요.

### 듣고 쓰기

2.

| | |
|---|---|
| 진차오 | 어제 가수 김지훈이 뉴스에 나왔던데 봤어요? |
| 유나 | 아, 뉴스에서 한 인터뷰 말하는 거죠? 네, 봤어요. 김지훈이 오랫동안 많은 사람들을 도와 왔다는 이야기는 들어서 알고 있었는데요. 어제 인터뷰를 보니까 정말 멋있다는 생각이 들었어요. |
| 진차오 | 그러니까요. 가수 활동도 바쁠 텐데 시간이 있을 때마다 직접 무료 급식 봉사 활동을 했다니 정말 대단하죠? 음식 재료를 나르거나 사람들에게 식사를 나눠 줬대요. |
| 유나 | 그리고 집안 사정이 어려운 아이들을 돕기 위해 꾸준히 돈을 기부해 왔다고 했죠? |
| 진차오 | 맞아요. 자신도 어렵게 커서 가정 형편이 어려운 아이들을 보면 돕지 않으려야 돕지 않을 수 없다고 했어요. 그래서 꾸준히 기부하는 거라고 했고요. |
| 유나 | 또 얼마 전에 길에서 쓰러진 사람을 도왔다는 이야기도 있었어요. 김지훈이 쓰러진 사람을 보자마자 달려가서 응급조치했대요. 조금만 늦었으면 쓰러진 사람이 큰일 날 뻔했는데 무사히 깨어났대요. |
| 진차오 | 생각하면 할수록 정말 대단한 사람이에요. 그래서인지 김지훈의 팬클럽에서도 김지훈처럼 꾸준히 어려운 사람들을 돕고 있대요. 팬클럽에서 봉사 활동을 하기도 하고 쌀도 기부한다고 들었어요. |
| 유나 | 그 팬클럽도요? 멋지네요. 정말 그 가수에 그 팬클럽이네요. |

(2) 1) ③
2) 자신도 어렵게 커서 가정 형편이 어려운 아이들을 보면 돕지 않으려야 돕지 않을 수 없다고 했어요.
3) 조금만 늦었으면 쓰러진 사람이 큰일 날 뻔했는데 무사히 깨어났어요.

3. (2) (예시)

어제 가수 김지훈이 뉴스에 나와서 인터뷰를 했어요. 특히 김지훈은 오랫동안 많은 사람을 도와 왔는데 시간이 있을 때마다 무료 급식 봉사 활동을 했고 그곳에서 음식 재료를 나르거나 사람들에게 식사를 나눠 줬어요. 그리고 김지훈은 집안 사정이 어려운 아이들을 돕기 위해 꾸준히 기부도 했어요. 자신이 어렵게 커서 가정 형편이 어려운 아이들을 돕지 않으려야 돕지 않을 수가 없다고 했어요. 또 얼마 전에 김지훈이 쓰러진 사람에게 응급조치했어요. 조금만 늦었으면 그 사람이 큰일 날 뻔했는데 무사히 깨어났어요. 김지훈의 팬클럽에서도 봉사 활동을 하거나 쌀을 기부하는데 이 이야기를 듣고 유나는 그 가수에 그 팬클럽이라고 생각했어요.

### 읽고 말하기

2.

| | |
|---|---|
| 어떤 상황에서 누구를 도왔어요? | 식사 후에 공원을 걷다가 길을 잃으신 할머니를 도왔다. |
| 그다음에 어떻게 대처했어요? | 상우는 할머니 목걸이 뒤에 있는 연락처를 보고 할머니의 가족에게 전화했다. |
| 마지막에 어떻게 상황이 정리됐어요? | 할머니의 가족들이 왔고 할머니를 찾아 줘서 고맙다고 인사를 했다. |

## 3 재능 기부야 누구든지 할 수 있어요

### 어휘와 표현 2

2. (1) 생명을 바쳐
   (2) 도움을 주려고
   (3) 함께 잘 살 수 있는
   (4) 죽을 뻔한 사람을 살려
   (5) 자신이 가진 모든 것을 다 주는

### 문법 4

3. (1) A 이번에 여행 가서 일주일 동안 놀다 올 수 있어요?
   B 글쎄요. 일주일은 놀다 올 수 없겠지만 4일 정도야 놀다 올 수 있을 거예요.

   (2) A 내일까지 이 일을 끝낼 수 있을까요?
   B 글쎄요. 내일까지는 끝낼 수 없겠지만 주말까지야 끝낼 수 있을 거예요.

   (3) A 오늘 이 많은 이삿짐을 혼자 다 정리할 수 있겠죠?
   B 글쎄요. 혼자는 다 정리할 수 없겠지만 친구랑 둘이서야 다 정리할 수 있을 거예요.

   (4) A 다음 수업 시간까지 20분 남았는데 밥을 먹을 수 있을까요?
   B 글쎄요. 밥은 먹을 수 없겠지만 빵이야 먹을 수 있을 거예요.

   (5) A 친구가 식당을 열었는데 이 돈으로 화분을 선물할 수 있을까요?
   B 글쎄요. 화분은 선물할 수 없겠지만 꽃바구니야 선물할 수 있을 거예요.

   (6) A 3일 뒤에 출발하는 비행기표를 취소하면 전부 환불받을 수 있겠죠?
   B 글쎄요. 전부는 환불받을 수 없겠지만 조금이야 환불받을 수 있을 거예요.

### 읽고 쓰기

3. (1) ② (2) ③ (3) ①
   (4) 이웃에게 사랑을 베풀고 자신을 희생하는 삶이 무엇인지 알려 주었기 때문이다.

## 11단원 | 고민과 후회

### 도입

1. 유나 선배, 대학원 생활은 어때? 선배는 다른 사람보다 진로를 빨리 결정한 거 같던데 어떻게 그렇게 빨리 결정할 수 있었어?
   선배 사실 나도 진학하기 전에 이것저것 많이 고민했는데 내가 하고 싶은 게 뭔지를 제일 중요하게 생각했어.

2. 위칭 쇼타 씨는 친구가 많지요? 사람들하고 잘 지내는 비결이 있어요?
   쇼타 특별한 비결은 없어요. 그냥 친구들이 고민을 말할 때 잘 들어주고 공감도 잘해 주는 편이라서 그런 거 같아요.

3. 조슈아 루이즈, 오늘 무슨 일이 있었어? 기분이 안 좋아 보이네.
   루이즈 오늘 학교에서 시험을 봤는데 잘 못 봤어. 공부를 더 많이 했으면 잘 봤을 텐데 아쉬워.

1. C 2. A 3. B

# 1 빨리 알려 달라고 재촉하는 통에 서둘러 결정했어요

## 어휘와 표현 1

2. (1) 오랫동안 대답을 못 했어요
   (2) 어색하니까
   (3) 누구 편을 들어야 할지 곤란해요
   (4) 미래가 불확실해서
   (5) 마음을 터놓지 못해요

## 문법 1

1. (1) A 올리버, 주말에 왜 집에서 쉬지 않고 회사에 갔어? 할 일이 남아 있었어?
   B 옆집에서 공사를 하는 통에 시끄러워서 집에 있을 수가 없었어.
   (2) A 어제 배우 박연수가 나오는 영화 촬영이 중단됐다면서요?
   B 맞아요. 공항에서 촬영했는데 배우를 보려고 사람들이 몰려드는 통에 중단됐대요.

   (1) ② (2) ①

3. (3) A 우리 이제 카페 밖으로 나갈까요?
   B 네. 그게 좋겠어요. 카페 전화벨이 울리는 통에 대화에 집중이 잘 안 돼요.
   (4) A 그러게요. 전 음악 소리 때문에도 나가는 게 좋겠어요.
   B 맞아요. 음악 소리가 크게 들리는 통에 시끄러워서 엘렌 씨 목소리도 잘 안 들려요.
   (5) A 우리 이제 카페 밖으로 나갈까요?
   B 네. 그게 좋겠어요. 옆에 있는 두 사람이 싸우는 통에 대화에 집중이 잘 안 돼요.
   (6) A 그러게요. 전 강아지들 때문에도 나가는 게 좋겠어요.
   B 맞아요. 강아지들이 짖는 통에 시끄러워서 엘렌 씨 목소리도 잘 안 들려요.

## 문법 2

1. 2월 15일 목요일

   며칠 전 같이 살고 있는 위칭과 집안일 문제로 다퉜다. 내가 짜증을 냈더니 위칭도 화를 내서 말다툼을 했다. 그런데 생각해 보니까 위칭의 입장이 이해가 됐다. 한집에서 위칭과 서먹하게 지내고 싶지 않아서 내가 먼저 화해하자고 말을 **했더니** 위칭도 그러자고 했다. 마음을 터놓고 대화를 나누고 보니 그동안 내가 잘못한 점도 많았다는 것을 알게 됐다.

3. (1) A 북한산 정상까지 올라갔어요?
   B 네. 정상까지 올라갔더니 서울이 한눈에 보이던데요.
   (2) A 쇼타에게 숙제에 대해 물었어요?
   B 네. 숙제에 대해 물었더니 쇼타가 친절하게 알려 주던데요.
   (3) A 노트북을 서비스 센터에 맡겼어요?
   B 네. 서비스 센터에 맡겼더니 수리 기사가 고장 난 부품을 교체해 주던데요.
   (4) A 아침 일찍 사무실에 전화를 걸었어요?
   B 네. 전화를 걸었더니 아무도 받지 않던데요.
   (5) A 소셜 미디어에 여행 사진을 올렸어요?
   B 네. 여행 사진을 올렸더니 친구들이 거기가 어디냐고 묻던데요.
   (6) A 고등학교 동창에게 오랜만에 연락했어요?
   B 네. 오랜만에 연락했더니 친구가 아주 반가워하던데요.

듣기

2. 브루나 올리버 씨, 오랜만이에요. 회사 생활은 어때요? 잘 다니고 있죠?

올리버 네. 처음엔 힘들었는데 이젠 일도 익숙해져서 재미도 있고 보람도 느껴요. 브루나 씨는 회사 생활이 어때요?

브루나 전 요즘 진로 때문에 고민이에요. 업무가 부담돼서 회사를 그만둘지 버티면서 더 다닐지 망설이고 있어요. 회사를 그만두고 대학원에 진학하고 싶기도 하고요.

올리버 대학원요? 작년에 한국어 공부를 그만두고 취직했을 때 신중하게 생각하고 대학원 진학을 포기한 게 아니었어요?

브루나 그때는 깊이 생각할 여유가 없었어요. 부모님께서도 빨리 취직하기 바라셨고 회사에서도 출근 여부를 빨리 알려 달라고 답변을 재촉하는 통에 충분히 고민 못 했어요.

올리버 그랬군요. 그래도 취직한 지 6개월밖에 안 됐는데 그만두겠다는 건 좀 성급한 거 아니에요? 처음엔 어느 회사든지 다 어렵고 힘들어요.

브루나 그렇긴 한데요. 실은 대학원 생활이 궁금해서 얼마 전에 대학원에 다니는 친구에게 물어 봤더니 대학원에서는 자기 관심 분야를 깊이 공부할 수 있어서 좋대요. 그래서 저도 대학원에서 더 공부하고 싶다는 생각이 들었어요.

올리버 진로를 선택하는 건 또 다른 기회들을 포기하는 거니까 장래에 대해 깊이 생각해 보고 정해야 돼요. 그래야 후회하지 않아요.

브루나 네. 더 고민해 볼게요. 조언해 줘서 고마워요.

(1) ② (2) ① (3) ②

## 2 상대가 옳다는 걸 알고도 그걸 인정하지 않아요

문법 3

3. (1) A 사람들이 왜 그 사람을 존경해요?
B 그 사람은 실패하고도 절대 좌절하지 않았거든요.

(2) A 사람들이 왜 그 사람을 존경해요?
B 그 사람은 해결하기 어려운 일을 맡고도 불평 없이 일을 척척 해내거든요.

(3) A 사람들이 왜 그 사람을 존경해요?
B 그 사람은 사회적으로 큰 성공을 거두고도 항상 겸손하게 행동하거든요.

(4) A 사람들이 왜 그 사람을 싫어해요?
B 그 사람은 자신이 잘못을 하고도 잘못에 대해 절대로 사과하지 않거든요.

(5) A 사람들이 왜 그 사람을 싫어해요?
B 그 사람은 만날 약속을 해 놓고도 쉽게 약속을 깨거든요.

(6) A 사람들이 왜 그 사람을 싫어해요?
B 그 사람은 주변 사람들의 의견을 듣고도 자기 생각만 내세우거든요.

듣고 쓰기

2. 진영 루이즈, 너 오늘 댄스 동아리에 가는 날 아니야? 요즘 댄스 오디션을 준비하고 있다면서?

루이즈 오늘은 그냥 안 갔어. 진영아, 사실 지난주에 동아리 친구와 다퉜는데 그 후로 사이가 서먹해져서 연습이 잘 안 돼.

진영 뭐 때문에 그랬는데?

루이즈 내가 춤 연습할 때 대충 하지 말고 열심히 하라고 한마디 했더니 갑자기 그 친구가 화를 내서 다퉜어.

진영 그랬구나. 곧 오디션도 있는데 그냥 참고 넘어가지 그랬어. 나 같으면 마음에 안 드는 게 있어도 그렇게 직접적으로 말하지 않았을 거 같은데.

| | |
|---|---|
| 루이즈 | 네 말을 듣고 보니 내가 잘못한 것 같아. 기분 나쁘게 말하지 않고도 더 열심히 연습하자고 말할 수 있었을 텐데 후회되네. |
| 진영 | 난 갈등이 생겼을 때 상대방이 내 말을 듣고 어떤 기분이 들지 먼저 생각해 봐. 서로 부딪칠 때는 상대방 말을 더 예민하게 받아들일 수도 있잖아. |
| 루이즈 | 그래서 네가 친구들이랑 다투지 않고 잘 지내는구나. 나도 이제부터는 먼저 듣는 사람의 입장을 생각해 보고 말을 좀 돌려서 해야겠어. |
| 진영 | 그래. 일단 한번 참고 생각해 보고 나서 나중에 돌려서 부드럽게 말하면 친구들과 다툴 일이 별로 없을 거야. |

(2) 1) 루이즈가 친구에게 춤 연습할 때 대충 하지 말고 열심히 하라고 한마디 했더니 갑자기 그 친구가 화를 내서 다퉜어요.

2) 친구에게 기분 나쁘게 말하지 않고도 더 열심히 연습하자고 말할 수 있었을 텐데 그러지 못해서 후회하고 있어요.

3) ②

3. (2) (예시)

루이즈는 지난주에 댄스 동아리 친구와 다퉈서 그 후로 사이가 서먹해졌어요. 루이즈가 친구에게 춤 연습할 때 대충 하지 말고 열심히 하라고 한마디 했더니 친구가 화를 내서 다퉜어요. 그렇지만 곧 오디션도 있는데 그냥 참고 넘어갔으면 좋았을 거예요. 루이즈도 친구에게 기분 나쁘게 말하지 않고도 더 열심히 하자고 말할 수 있었을 텐데 그러지 못해서 후회하고 있어요. 진영이는 갈등이 생기면 상대방이 자기 말을 먼저 듣고 어떤 기분이 들지 먼저 생각해 봐요. 루이즈도 이제부터는 먼저 듣는 사람 입장을 생각해 보고 말을 돌려서 할 거예요. 그러면 친구들과 다툴 일이 별로 없을 거예요.

읽고 말하기

2.

| | |
|---|---|
| 대인 관계를 원만하게 하기 위한 방법은 뭐예요? | 자기중심적 사고에서 벗어나야 한다. |
| 그 방법을 구체적으로 어떻게 실천할 수 있어요? | 상대를 이해하고 존중하기 위해서는 그 사람의 입장에서 생각해 봐야 한다. 그리고 상대가 틀렸다고 함부로 판단하지 말아야 한다. |
| 그 방법은 어떤 효과가 있어요? | 두 사람 사이에 생긴 마음의 벽도 사라질 것이다. 그리고 그 사람과 신뢰가 쌓여 깊고도 원만한 관계를 맺게 될 것이다. |

## 3 대회 준비를 더 철저히 할걸

어휘와 표현 2

2. (1) A 올리버 씨, 새 프로젝트는 잘 준비되고 있어요?
B 그거 취소됐어요. 동료들의 의견을 듣지 않고 제 생각대로만 진행하다가 결국 문제가 생겨서 그 프로젝트를 안 하기로 했어요.

(2) A 쇼타 씨, 어제 가수 김지훈 공연 표를 예매하는 날이었잖아요. 표 샀어요?
B 아니요. 어제 친구들과 놀다가 깜박하는 바람에 예매 못 했어요. 아침에 홈페이지에 들어가 보니까 벌써 매진됐더라고요.

(3) A 루이즈, 또 댄스 대회에 나가려고 지원서를 쓰는 거야?
B 응. 지난 대회에서 1점 차이로 2등을 해서 내가 우승을 못 했잖아. 그래서인지 계속 생각이 나고 아쉬워서 다시 나가 보려고.

(4) A 선배님, 회사를 경영해 보시니까 어떠세요?
B 제가 부족한 점이 많아요. 대학 때 경영학을 전공하지 못한 게 아쉬워요. 그때로 돌아갈 수 있다면 경영학을 제대로 공부해 보고 싶어요.

(5) A 지금 뉴스에 나오는 저 사람이 무슨 이야기를 하고 있어요?
B 다니던 회사에서 팔던 식품이 건강에 해로운 거였대요. 그걸 알고도 숨긴 게 불편해서 사실대로 말하기로 했대요.

(1) 고집을 부린
(2) 뒤늦게 깨달았어요
(3) 미련이 남아서
(4) 시간을 되돌릴
(5) 양심에 걸려서

문법 4

1. A 올리버, 아까 내가 보낸 문자 메시지 읽었어?
B 문자? 아, 내 휴대 전화! 택시에 놓고 내린 것 같아. 내리기 전에 주머니에 있는지 확인해 볼걸.

(1)

3. (1) A 주말 오후에 괜히 택시를 탔나 봐.
B 응. 택시비가 너무 많이 나왔네. 지하철을 탈걸.
(2) A 점심시간에 너무 늦게 식당에 왔나 봐.
B 응. 사람이 너무 많네. 식당에 빨리 올걸.
(3) A 아직 3월 초인데 옷을 너무 얇게 입었나 봐.
B 응. 너무 춥네. 두꺼운 점퍼를 입을걸.
(4) A 기분 전환하고 싶었는데 괜히 그 연극을 봤나 봐.
B 응. 너무 재미없었네. 집에서 그냥 쉴걸.
(5) A 그 옷이 저렴해서 샀는데 괜히 온라인으로 샀나 봐.
B 응. 질이 안 좋네. 가게에서 직접 보고 살걸.
(6) A 그 식당이 유명해서 배달시켰는데 괜히 떡볶이를 시켰나 봐.
B 응. 너무 맵네. 김밥을 주문할걸.

읽고 쓰기

2. (1) ② (2) ② (3) ③
(4) 언어교육원에서 3급을 수료할 때 우수한 성적을 거둬 상을 받은 후에

## 12단원 | 환경과 기후 변화

도입

1. 올리버 아프리카에 3일 동안 비가 쏟아져서 홍수 피해가 크대요.
진영 그래요? 한국도 이번 12월에 따뜻한 날이 많아서 '12월의 봄'이라고 하던데 아프리카에는 홍수가 나다니요. 날씨가 정말 이상하네요.

2. 상우 안나 씨, 그건 무슨 가방이에요?
안나 아, 이거요? 장 보러 갈 때 쓰는 장바구니예요. 비닐봉지 대신 쓰려고 항상 가방에 넣어서 다녀요.

3. 엘렌 진차오 씨, 오늘 세계 전등 끄기 캠페인 날인 거 잊지 않았죠?
진차오 그럼요. 오늘 저녁 8시 30분부터잖아요. 한 시간 동안 불 끄는 걸로 환경을 보호할 수 있다고 하니 당연히 참여해야죠.

1. B 2. C 3. A

### 1 환경 오염으로 인해 기후 변화가 생겼어요

어휘와 표현 1

2. (1) 지구의 기온이 올라서
(2) 땅이 더럽게 돼서
(3) 동물과 식물이 사라져
(4) 우리를 둘러싼 공기가 더러워지는
(5) 검은 연기가 나와서

## 문법 1

1. 사람들의 무관심한 행동 때문에 바다가 병들고 있다. 육지에서 온 **플라스틱 쓰레기로 인해** 바다에 사는 거북이와 돌고래 같은 해양 동물들이 고통을 받고 있다. 게다가 지구 온난화로 인해 바닷물 온도가 높아져서 바닷속 생물들이 살 곳을 잃어 가고 있다.

3. **학생 A**

질문하세요!

| 최근 일어난 일 | 원인 | |
|---|---|---|
| (1) 직장을 옮기는 사람들이 늘었다 | ☐ 업무 스트레스 | ☑ 대인 관계 문제 |
| (2) 오늘 아침 출근길이 마비됐다 | ☐ 지하철 시위 | ☑ 지하철 2호선 고장 |
| (3) 환경 오염이 가속화되고 있다 | ☑ 자동차 매연 | ☐ 플라스틱 쓰레기 |
| (4) 어제 고속도로에서 난 교통사고 피해가 커졌다 | ☐ 안개 | ☑ 폭우 |

(1) A 업무 스트레스로 인해 직장을 옮기는 사람들이 늘었다고 하던데요. 맞아요?
B 아니요. 대인 관계 문제로 인해 직장을 옮기는 사람들이 늘었대요.

(2) A 지하철 시위로 인해 오늘 아침 출근길이 마비됐다고 하던데요. 맞아요? / 지하철 2호선 고장으로 인해 오늘 아침 출근길이 마비됐다고 하던데요. 맞아요?
B 아니요. / 네. 지하철 2호선 고장으로 인해 오늘 아침 출근길이 마비됐대요.

(3) A 자동차 매연으로 인해 환경 오염이 가속화되고 있다고 하던데요. 맞아요? / 플라스틱 쓰레기로 인해 환경 오염이 가속화되고 있다고 하던데요. 맞아요?
B 네. / 아니요. 자동차 매연으로 인해 환경 오염이 가속화되고 있대요.

(4) A 안개로 인해 어제 고속도로에서 난 교통사고 피해가 커졌다고 하던데요. 맞아요? / 폭우로 인해 어제 고속도로에서 난 교통사고 피해가 커졌다고 하던데요. 맞아요?
B 아니요. / 네. 폭우로 인해 어제 고속도로에서 난 교통사고 피해가 커졌대요.

**학생 B**

질문하세요!

| 최근 일어난 일 | 원인 | |
|---|---|---|
| (5) 전기차 생산량이 급증했다 | ☐ 정부 지원 확대 | ☑ 국제 석유 가격 인상 |
| (6) 병원을 찾는 사람들이 많아졌다 | ☐ 눈병 | ☑ 독감 |
| (7) 시청 앞 도로가 통제될 예정이다 | ☑ 행사 | ☐ 드라마 촬영 |
| (8) 청년들의 우울증 문제가 심각하다 | ☑ 취업난 | ☐ 불경기 |

(5) B 정부 지원 확대로 인해 전기차 생산량이 급증했다고 하던데요. 맞아요? / 국제 석유 가격 인상으로 인해 전기차 생산량이 급증했다고 하던데요. 맞아요?
A 아니요. / 네. 국제 석유 가격 인상으로 인해 전기차 생산량이 급증했대요.

(6) B 눈병으로 인해 병원을 찾는 사람들이 많아졌다고 하던데요. 맞아요? / 독감으로 인해 병원을 찾는 사람들이 많아졌다고 하던데요. 맞아요?
A 아니요. / 네. 독감으로 인해 병원을 찾는 사람들이 많아졌대요.

(7) B 행사로 인해 시청 앞 도로가 통제될 예정이라고 하던데요. 맞아요? / 드라마 촬영으로 인해 시청 앞 도로가 통제될 예정이라고 하던데요. 맞아요?
A 네. / 아니요. 행사로 인해 시청 앞 도로가 통제될 예정이래요.

(8) B 취업난으로 인해 청년들의 우울증 문제가 심각하다고 하던데요. 맞아요? / 불경기로 인해 청년들의 우울증 문제가 심각하다고 하던데요. 맞아요?
A 네. / 아니요. 취업난으로 인해 청년들의 우울증 문제가 심각하대요.

## 문법 2

1. (1) A 올리버, 어제 외국인 유학생 야구 대회 잘 보고 왔어? 누가 이겼어?
B 끝까지는 못 보고 보다가 나왔는데 일본 팀이 야구를 정말 잘하더라.

(2) A 유나야, 어제 백화점 가서 옷 샀어?
B 아니. 예쁜 건 많았는데 할인을 안 해서인지 너무 비싸더라. 그냥 입어 보고만 왔어.

(1) ① (2) ①

3. (1) A 한국에서 케이티엑스(KTX) 타 봤어?
B 응. 정말 빠르더라.

(2) A 약국이 문을 안 열었어?
B 응. 오늘 휴일이더라.

(3) A 새로 산 노트북은 괜찮아?
B 응. 정말 가볍더라.

(4) A 내가 추천한 식당은 가 봤어?
B 응. 양이 너무 적더라.

(5) A 동창회에서 친구 잘 만나고 왔어?
B 응. 친구가 결혼했더라.

(6) A 어제 다녀온 미술관은 학생 할인이 있다면서?
B 응. 학생증이 있으면 20% 할인되더라.

듣기

2.
조슈아 뉴스 봤어? 제주도에 벚꽃이 피었더라.
유나 아직 1월인데 벌써 벚꽃이 피었다고? 벚꽃은 봄에 피는 꽃 아니야?
조슈아 맞아. 그런데 친구가 제주도에 살아서 뉴스 보고 전화했더니 요즘 완전히 봄 날씨라고 하더라. 기온이 지난주까지는 영하였는데 이번 주부터 갑자기 올랐대.
유나 강원도는 지금 폭설 때문에 난리라고 들었는데 제주도는 그렇게 따뜻하다니. 날씨가 왜 이렇게 이상하지?
조슈아 지구 온난화로 인해 평균 기온이 높아지면서 이상 기후 현상이 가속화되는 것 같아.
유나 그러고 보니까 올해 프랑스는 1월 기온이 사상 최고로 높았다고 했어. 초여름 평균 기온이랑 비슷해서 겨울에 반팔을 입고 다니는 사람이 많았대. 중국 상하이도 40년 만에 처음으로 1월 기온이 영하 6도까지 떨어졌다던데. 전 세계가 이상 기후로 몸살을 앓고 있나 봐.
조슈아 맞아. 어제 미국 캘리포니아의 뉴스를 보니까 하루는 폭우가 쏟아지고 하루는 눈이 왔다고 해서 정말 놀랐어.
유나 정말 큰일이네. 옛날에는 꽃이 피면 봄이 온 것 같아서 반가웠는데 이렇게 이르게 피어 버리니까 기후 위기를 실감하게 되는 것 같아서 두렵네.

(1) ③ (2) ② (3) ③

## 2 숨 쉬는 것마저 힘들어질 수 있어요

문법 3

1. A 상우 씨, 요즘 문을 닫는 마트들이 많은 것 같아요.
B 그러게요. 인터넷으로 장을 보는 사람이 많아져서인지 우리 동네 마트들도 하나둘 문을 닫더니 결국 하나 남은 이화 마트마저 다음 달에 문을 닫는대요.

(2)

3. (1) A 이 사람한테 타고 나갈 배는 있어요?
B 배가 세 척이 있었는데 두 척이 부서지고 하나 남은 배마저 구멍이 나 버렸어요.

(2) A 이 사람한테 마실 물은 있어요?
B 물이 세 병 있었는데 두 병은 마시고 하나 남은 물마저 마셔 버렸어요.

(3) A 이 사람한테 입을 옷은 있어요?
B 옷이 네 개 있었는데 세 개는 없어지고 하나 남은 옷마저 찢어져 버렸어요.

(4) A 이 사람한테 먹을 식량은 있어요?
B 통조림과 과자, 빵이 있었는데 통조림과 과자는 다 먹었고 하나 남은 빵마저 먹어 버렸어요.

(5) A 이 사람한테 비를 피할 집은 있어요?
B 집이 있었는데 비가 와서 그 집마저 무너져 버렸어요.

(6) A 이 사람한테 불을 피울 나무는 있어요?

B 나무가 있었는데 불이 나서 그 나무마저 타 버렸어요.

## 듣고 쓰기

2. 박연수 안녕하세요? 배우 박연수예요. 요즘 자동차에서 배출되는 매연으로 대기 오염이 심각해지고 있다고 하죠? 지금과 같은 추세가 계속된다면 대기 오염으로 인해 맑고 깨끗한 하늘은커녕 숨 쉬는 것마저 힘들어질지도 모른다고들 하는데요. 그래서 대기 오염과 소음, 교통 체증을 함께 줄이기 위해 1년 중 단 하루만이라도 자가용을 이용하지 말자는 의미로 '세계 차 없는 날'이 만들어졌어요. 내일 9월 22일이 바로 '세계 차 없는 날'인데요. 이 세계적인 행사에 서울도 참여해서 내일 하루 광화문에서 서울광장 앞까지 '차 없는 거리'가 된다고 해요. 출퇴근할 때는 대중교통을, 가까운 거리는 걸어가거나 자전거를 이용해서 내일 하루를 매연이 없는 날로 만들면 어떨까요?

내일 하루 우리가 자가용을 이용하지 않고 대중교통이나 자전거 등을 이용한다면 나무 76만 그루를 심는 효과를 얻을 수 있어요. 다른 사람들이 환경에 무관심하다고 해서 나마저 병든 지구를 외면하면 안 되겠죠. '이런 캠페인을 하루 한다고 뭐가 달라지겠어.', '나 하나쯤이야 괜찮겠지.'라고 생각하지 마시고 내일 9월 22일을 기억하고 '세계 차 없는 날'에 함께해 주세요. 단 하루의 실천으로 세상을 푸르게 바꿀 수 있어요.

(2) 1) 대기 오염으로 인해 맑고 깨끗한 하늘은커녕 숨 쉬는 것마저 힘들어질지도 몰라요.

2) 대기 오염과 소음, 교통 체증을 함께 줄이기 위해 1년 중 단 하루만이라도 자가용을 이용하지 말자는 의미로 '세계 차 없는 날'이 만들어졌어요.

3) ③

3. (2) (예시)

환경 보호에 대한 공익 광고예요. 자동차에서 매연이 계속 배출된다면 대기 오염으로 인해 맑고 깨끗한 하늘은커녕 머지않아 숨 쉬는 것마저 힘들어질 수 있어요. 그래서 대기 오염과 소음, 교통 체증을 함께 줄이기 위해 1년 중 단 하루만이라도 자가용을 이용하지 말자는 의미로 '세계 차 없는 날'이 만들어졌어요. 내일 9월 22일이 바로 '세계 차 없는 날'인데 내일 하루 광화문에서 서울광장 앞까지 '차 없는 거리'가 돼요. 내일 하루 대중교통이나 자전거 등을 이용한다면 나무 76만 그루를 심는 효과를 얻을 수 있어요. 다른 사람들이 환경에 무관심하다고 해서 나마저 병든 지구를 외면하면 안 돼요. 단 하루의 실천으로 세상을 푸르게 바꿀 수 있어요.

## 읽고 말하기

2.

| | |
|---|---|
| 멸종 위기 동물 | 북극곰이다. |
| 멸종 위기에 처한 이유 | 지구 온난화로 인해 빙하가 녹고 얼음이 어는 시간이 줄어들면서 북극곰은 살 곳도 잃고 사냥도 힘들어져 멸종 위기에 처하게 되었다. |
| 우리가 할 수 있는 일 | 실내 온도를 여름에는 26°C 이상, 겨울에는 20°C 이하로 유지하고 안 쓰는 전자 제품의 플러그는 뽑아 둬야 한다. |

## 3 환경을 위한 일인데 대단하기는요

### 어휘와 표현 2

2. (1) A 루이즈 씨, 뉴스 들었어요? 2050년에는 우리가 사용하는 물이나 석유, 천연가스가 부족해질 거래요.
B 그래요? 정말 큰일이네요. 지금부터라도 다 아껴 써야겠어요.

(2) A 올리버 씨, 일상에서 환경을 지키기 위해 쉽게 할 수 있는 일은 뭐가 있을까요?
B 저는 장을 보러 갈 때 천으로 만든 가방을 들고 가거나 플라스틱이 아닌 나무로 만든 칫솔을 자주 써요. 이런 제품들은 환경을 오염시키지 않는 재료로 만든 거잖아요.

(3) A 진영 씨, 뭐 하고 있어요?
B 플라스틱과 비닐을 따로따로 버리려고 병에 붙어 있는 비닐을 떼고 있어요.

(4) A 쇼타 씨는 항상 개인 컵을 가지고 다니네요.
B 네. 환경 오염 때문에 가능하면 종이컵처럼 한 번 쓰고 버리는 물건들은 안 쓰려고 노력 중이에요.

(5) A 엘렌 씨, 엘렌 씨가 쓰는 비누 향이 좋네요. 어디에서 샀어요?
B 산 게 아니라 받은 거예요. 사람들이 쓰고 버린 기름을 모아 만든 건데 학생회관 앞에서 나눠 줬어요. 생각보다 향이 괜찮죠?

(1) 자원을 절약해야겠다고 / 자원을 절약해야 한다고
(2) 친환경 제품을 애용하고
(3) 쓰레기를 분리해서 버리려고 / 쓰레기를 분리해서 버리기 위해
(4) 일회용품 사용을 자제하려고 / 일회용품 사용을 자제하기 위해
(5) 재활용품을 사용하고

### 문법 4

3. (1) A 쇼타 씨, 쇼타 씨는 한국어 실력이 뛰어난 것 같아요.
B 뛰어나기는요. 한국어로 말할 때 아직 서툴러요.

(2) A 쇼타 씨, 쇼타 씨는 사교적인 것 같아요.
B 사교적이기는요. 사람들과 친해지려고 노력하는 거예요.

(3) A 쇼타 씨, 쇼타 씨는 동생이랑 친한 것 같아요.
B 친하기는요. 싸울 때가 더 많아요.

(4) A 쇼타 씨, 쇼타 씨는 요리 실력이 좋은 것 같아요.
B 요리 실력이 좋기는요. 인터넷에 있는 요리법을 보고 그대로 만드는 거예요.

(5) A 쇼타 씨, 쇼타 씨는 하는 일마다 잘되는 것 같아요.
B 하는 일마다 잘되기는요. 어쩌다 한번 잘된 거예요.

(6) A 쇼타 씨, 쇼타 씨는 항상 학교에 일찍 오는 것 같아요.
B 항상 학교에 일찍 오기는요. 요즘은 수업 시작 5분 전에 와요.

### 읽고 쓰기

2.

| 단락 | 중심 내용 |
|---|---|
| 2 | 재활용품에 대한 정보 부족과 부정적인 인식으로 인해 환경 보호에 대한 관심이 실천으로 이어지지 못하고 있음을 알 수 있다. |
| 3 | 젊은 사람들은 환경 문제를 자신들의 문제로 인식하고 있음을 알 수 있었다. |

3. (1)

| 조사 대상 | 20세~29세 남녀 100명 |
|---|---|
| 조사 목적 | 재활용품에 대한 젊은 사람들의 인식을 알아보기 위해 |

(2) ③ (3) ① (4) ②

# 찾아보기

# 집 필 진


**수석 책임 연구원**

김현진 이화여자대학교 언어교육원 특임교수
이화여자대학교 독어독문학과 박사

**책임 연구원**

배재원 이화여자대학교 언어교육원 특임교수
이화여자대학교 한국학과 박사

이민경 이화여자대학교 언어교육원 특임교수
이화여자대학교 한국학과 박사

**공동 연구원**

윤여옥 이화여자대학교 언어교육원 책임강사
이화여자대학교 한국학과 석사

전우주 이화여자대학교 언어교육원 책임강사
이화여자대학교 한국학과 박사 수료

최형연 이화여자대학교 언어교육원 책임강사
이화여자대학교 한국학과 석사

주현하 이화여자대학교 언어교육원 책임강사
이화여자대학교 한국학과 박사